이모티콘
속담

이모티콘 속담

2023년 11월 22일 초판 발행
몽구 글 | 곤룐 그림

펴낸이 김기옥 ● **펴낸곳** 봄나무 ● **아동 본부장** 박재성
디자인 블루 ● **판매전략팀** 김선주, 서지운 ● **제작** 김형식 ● **지원** 고광현, 임민진

등록 제313-2004-50호(2004년 2월 25일) ● **주소** 121-839 서울시 마포구 양화로 11길 13(서교동, 강원빌딩 5층)
전화 02-325-6694 ● **팩스** 02-707-0198 ● **이메일** info@hansmedia.com
● 봄나무 홈페이지 https://www.hansmedia.com
● 봄나무 인스타그램 https://www.instagram.com/_bomnamu
● 봄나무 블로그 https://blog.naver.com/bomnamu_books

도서주문 한즈미디어(주) 주소 121-839 서울시 마포구 양화로 11길 13(서교동, 강원빌딩 5층)
전화 02-707-0337 ● **팩스** 02-707-0198
© 몽구, 곤룐 2023
ISBN 979-11-5613-220-2 (73710)

● 이 책 내용의 일부 또는 전부를 사용하려면 반드시 저작권자와 봄나무 양측의 동의를 얻어야 합니다.
● 책값은 뒤표지에 나와 있습니다.

머리말

속담 은 옛사람들의 유행어이지 않았을까요? 최근에 '중요한 건 꺾이지 않는 마음'이라든지 "폼 미쳤다."라든지 "1도 모르겠다."라는 표현이 만들어지고 크게 유행했잖아요? 이런 말들이 오랫동안 살아남으면 속담처럼 전해지는 것이지요.

속담은 지금의 유행어보다 더 대단해요. 옛날에는 카톡도 없었고 유튜브나 틱톡 같은 SNS도 없었을 때예요. 순수하게 사람들의 입에서 입으로만 전해진 그때 당시의 속담이라는 유행어가 지금까지도 쓰이고 있는 거예요.

   그렇다면 왜 우리는 지금까지 속담을 사용하는 걸까요? 속담은 특정 뜻을 전달하기에 아주 좋은 도구예요. 속담 "티끌 모아 태산."을 문장으로 표현하자면 "조금의 돈이라도 모으다 보면 결국 많아지는 거야."처럼 길게 풀어서 말해야 해요. 풀어서 말하다 보니 약간 잔소리 같지 않나요? 그렇다고 같은 의미를 지닌 단어를 활용해 "저축해라."라고 함축해서 말한다면 '티끌 모아 태산.'이 담고 있는 의미보다 뭔가 조금 부족하다 싶은 거지요.

무엇보다도 속담을 쓰면 참 재미있어요. 알맞은 때에 사용하면 비어 있는 퍼즐 조각이 샥 맞춰지는 기분이에요. '그래! 이 속담이 여기에 딱이지!'라고 속으로 외치게 될 만큼 재치 만점 표현이랍니다. 사실 여러분은 이미 이런 재미를 느끼고 있을지도 몰라요. 앞에서도 말한 요즘 유행어를 쓸 때와 같은 느낌이거든요. 여러분이 지금부터 아무 유행어도 쓰지 못한다고 생각해 보세요. 말은 통하는데 어딘가 답답하고 재미없게 느껴지지 않을까요?

지금부터 여러분은 '속담'이라는 새로운 무기를 머리에 장착하게 될 거예요. 속담을 앎으로 지금보다 더욱 재미있게 말할 수 있을 테지요. 옛날 유행어면 너무 딱딱하고 어려울 것 같다고요? 그렇지 않아요. "굼벵이도 구르는 재주가 있다, 고양이 목에 방울 달기, 그림의 떡, 배보다 배꼽이 크다."처럼 흥미진진한 속담들도 많거든요. 이 속담들은 무슨 뜻이냐고요? 그건 지금부터 알아보자고요!

차례

머리말 ·6

ㄱ

가는 날이 장날 ·14

가는 말이 고와야 오는 말이 곱다 ·16
가랑비에 옷 젖는 줄 모른다 ·18
가재는 게 편 ·20
갈수록 태산 ·22
같은 값이면 다홍치마 ·24
개구리 올챙이 적 생각 못 한다 ·26
개똥도 약에 쓰려면 없다 ·28
고래 싸움에 새우 등 터진다 ·30
고생 끝에 낙이 온다 ·32
고양이 목에 방울 달기 ·34
공든 탑이 무너지랴 ·36
굼벵이도 구르는 재주가 있다 ·38
귀신이 곡할 노릇 ·40
그림의 떡 ·42
금강산도 식후경 ·44
길고 짧은 건 대 봐야 안다 ·46
꼬리가 길면 밟힌다 ·48
꿩 대신 닭이다 ·50
꿩 먹고 알 먹기 ·52

ㄴ

남의 떡이 커 보인다 ·54

낫 놓고 기역 자도 모른다 ·56
낮말은 새가 듣고 밤말은 쥐가 듣는다 ·58

내 코가 석 자 ·60
누워서 침 뱉기 ·62

ㄷ
다 된 밥에 재 뿌린다 ·64

닭 잡아먹고 오리발 내민다 ·66
닭 쫓던 개 지붕 쳐다보듯 한다 ·68
도둑이 제 발 저리다 ·70
독 안에 든 쥐 ·72
돌다리도 두들겨 보고 건너라 ·74
되로 주고 말로 받는다 ·76
될성부른 나무는 떡잎부터 알아본다 ·78
등잔 밑이 어둡다 ·80
떡 줄 사람은 꿈도 안 꾸는데 김칫국부터 마신다 ·82
똥 묻은 개가 겨 묻은 개 나무란다 ·84
뛰는 놈 위에 나는 놈 있다 ·86

ㅁ
마른하늘에 날벼락 ·88
말 한마디로 천 냥 빚을 갚는다 ·90
말이 씨가 된다 ·92
물에 빠진 놈 건져 놓으니 보따리 내놓으라 한다 ·94
미꾸라지 한 마리가 온 웅덩이를 흐린다 ·96

미운 놈 떡 하나 더 준다 ·98
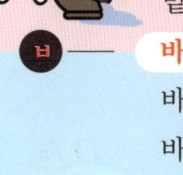
믿는 도끼에 발등 찍힌다 ·100
밑 빠진 독에 물 붓기 ·102

ㅂ
바늘 가는 데 실 간다 ·104
바늘 도둑이 소도둑 된다 ·106
바늘로 찔러도 피 한 방울 안 난다 ·108
발 없는 말이 천 리 간다 ·110

방귀 뀐 놈이 성낸다 ·112

배보다 배꼽이 더 크다 ·114
백지장도 맞들면 낫다 ·116
뱁새가 황새 따라가다 다리 찢어진다 ·118
번갯불에 콩 볶아 먹듯이 ·120
벼는 익을수록 고개를 숙인다 ·122
벼룩의 간을 내어 먹는다 ·124
병 주고 약 준다 ·126
비 온 뒤에 땅이 굳어진다 ·128
빈 수레가 요란하다 ·130
빛 좋은 개살구 ·132
뿌린 대로 거둔다 ·134

ㅅ —— 사공이 많으면 배가 산으로 간다 ·136
새 발의 피 ·138
서당 개 삼 년에 풍월을 읊는다 ·140
선무당이 사람 잡는다 ·142
세 살 버릇 여든까지 간다 ·144
소 뒷걸음질 치다 쥐 잡기 ·146
소 잃고 외양간 고친다 ·148
쇠귀에 경 읽기 ·150
쇠뿔도 단김에 빼랬다 ·152
수박 겉 핥기 ·154
시장이 반찬 ·156
식은 죽 먹기 ·158
십 년이면 강산도 변한다 ·160
싼 것이 비지떡 ·162

ㅇ —— 아니 땐 굴뚝에 연기 날까 ·164
엎드려 절 받기 ·166

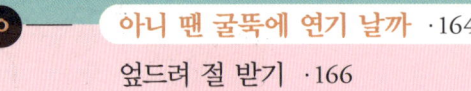

열 길 물속은 알아도 한 길 사람 속은 모른다 ·168
열 번 찍어 아니 넘어가는 나무 없다 ·170
오르지 못할 나무는 쳐다보지도 마라 ·172
우물 안 개구리 ·174
울며 겨자 먹기 ·176
원수는 외나무다리에서 만난다 ·178
원숭이도 나무에서 떨어진다 ·180
윗물이 맑아야 아랫물이 맑다 ·182

ㅈ
자라 보고 놀란 가슴 솥뚜껑 보고 놀란다 ·184
작은 고추가 맵다 ·186
재주는 곰이 넘고 돈은 주인이 받는다 ·188
쥐구멍에도 볕 들 날 있다 ·190
지렁이도 밟으면 꿈틀한다 ·192
짚신도 제짝이 있다 ·194

ㅊ
참새가 방앗간을 그저 지나랴 ·196
천 리 길도 한 걸음부터 ·198

ㅌ
티끌 모아 태산 ·200

ㅎ
하늘이 무너져도 솟아날 구멍이 있다 ·202
하룻강아지 범 무서운 줄 모른다 ·204
한 귀로 듣고 한 귀로 흘린다 ·206
호랑이는 죽어서 가죽을 남기고 사람은 죽어서 이름을 남긴다 ·208
호랑이도 제 말 하면 온다 ·210
호랑이에게 물려 가도 정신만 차리면 산다 ·212

가는 날이 장날

마침 그날 뜻하지 않은 일이 생기다.

`한자 성어` 오비이락(烏飛梨落) `비슷한 속담` 가는 날이 생일, 오는 날이 장날.

언제 쓰일까?
가기만을 몹시 기다리던 맛집에 갔는데 마침 공사하느라 문을 닫았지 뭐예요? 이처럼 뜻하지 않은 일로 허탕을 쳤을 때 쓸 수 있는 속담이에요.

뜻하지 않은 일과 관련한 속담
지나가는 불에 밥 익히기
뜻하지 않은 일(기회)을 잘 잡아 이용하다.

자다가 봉창 두드린다
예상치 못한 일이나 말이 불쑥 나오다.

지나가는 이야기

옛날 사람들은 시장에서 물건을 사곤 했어요. 이때는 편의점도 문구점도 없을 때예요. 그런데 시장은 편의점처럼 날마다 문을 열지 않았어요. 3일에 한 번, 5일에 한 번 열었지요. 편의점이 3일에 한 번 연다고 생각해 보세요. 여는 날만을 기다리지 않을까요? 다른 동네에 놀러 갔는데 장이 열리는 날이면 얼마나 기분이 좋을까요? "가는 날이 장날."이라는 속담은 "오늘 마침 장이 열리는 날이네!"라는 뜻에서 나왔답니다. 물론 요즘에는 허탕을 쳤을 때 더 많이 쓰지만요.

가는 말이 고와야 오는 말이 곱다

내 행동에 따라 상대방의 태도가 달라진다.

`한자 성어` 거언미래언미(去言美來言美) `비슷한 속담` 가는 떡이 커야 오는 떡이 크다.

언제 쓰일까?

심술궂은 친구에게는 쌀쌀맞게 대하게 되고 친절한 친구에게는 도움을 주고 싶어져요. 가는 말이 고와야 오는 말이 곱듯이 말이에요.

말(言)과 관련한 속담

내 할 말을 사돈이 한다
자기가 할 말을 도리어 남이 하다.

사돈 남 말 한다
제 잘못은 두고 남의 잘못에 이래라저래라 한다.

입은 비뚤어져도 말은 바로 해라
상황이 나빠도 진실을 말해야 한다.

지나가는 이야기

푸줏간에 김씨가 찾아와 "어이, 거기!" 하고 돈을 툭 던지며 고기를 달라고 했어요. 그 뒤 최씨가 정겹게 웃으며 푸줏간으로 들어와 "안녕하시오, 주인장." 하고 정중하게 인사하며 고기를 달라고 했어요. 주인장은 김씨와 최씨 모두에게 고기를 줬어요. 그런데 최씨의 고기가 김씨의 고기보다 훨씬 크지 않겠어요? 김씨는 똑같이 돈을 내고 고기를 샀는데 왜 크기에 차이 나는지 따져 물었어요. 푸줏간 주인은 이렇게 말했답니다.
"김씨에게 드린 고기는 '어이 거기!'가 준 고기이고, 최씨에게 드린 고기는 주인장이 준 고기이니까요."

가랑비에 옷 젖는 줄 모른다

작은 일이라도 모이면 큰 문제가 될 수 있다.

한자 성어 세우습의(細雨濕衣) **비슷한 속담** 숫돌이 저 닳는 줄 모른다.

언제 쓰일까?

충치 생기는 게 싫어 사탕을 한 개만 먹자고 다짐했어요. 그런데 정신을 차려 보니 한 봉지를 다 먹었지 뭐예요? 가랑비에 옷 젖는 줄 모르고 다 먹다니 못 말리겠네요.

비와 관련한 속담

비 맞은 중 중얼거리듯
남이 알아듣지 못할 만큼 작게 불평하다.

장마철에 비구름 모여들 듯
한곳으로 많이 모여드는 모양.

> **지나가는 이야기**

가랑비는 가볍게 내리는 비예요. "우산을 써야 하나? 말아야 하나?" 고민할 만큼 가느다란 비이지요. 하지만 가랑비라고 얕보면 안 된답니다. 가랑비를 계속 맞다 보면 온몸이 홀딱 젖을 수 있기 때문이에요. 젖는 것도 문제지만 비에는 우리 몸에 좋지 않은 먼지가 섞여 있을 수 있어요. 그러니 아무리 가벼운 비라도 우산은 꼭 가지고 다녀야겠지요?

가재는 게 편

서로 비슷한 사람끼리 편을 들다.

한자 성어 유유상종(類類相從)
비슷한 속담 같은 깃의 새는 같이 모인다. 팔은 안으로 굽는다.

끼리끼리 논다, 들어 봤지?

언제 쓰일까?

나와 공통점이 많은 사람을 보면 더욱 마음이 가고 쉽게 친해질 수 있어요. 그래서 그럴까요? 가재도 물고기보다 자신과 닮은 게 편을 드나 봐요.

게와 가재와 관련한 속담

마파람에 게 눈 감추듯
음식을 단숨에 먹어 치우는 모습.

범이 배고프면 가재도 뒤진다
궁지에 몰리면 체면도 가리지 않는다.

지나가는 이야기

시끌시끌. 작은 계곡에서 물고기와 게가 싸우는 소리가 들려왔어요. 물고기가 자고 있었는데, 게가 알아보지 못하고 밟아 버린 사건이 있었답니다. 그때 지나가던 가재가 갑자기 싸움에 끼어들며 말했어요.
"게 말이 맞아!"
그러자 옆에 있던 물방개가 물었어요.
"네가 어떻게 알아?"
"게가 나랑 닮았으니까 게 말이 무조건 맞아!"

갈수록 태산

점점 더 어려운 곤경에 빠지다.

한자 성어 거익태산(去益泰山)　　**비슷한 속담** 산 넘어 산이다.

태산은 '큰 산'이라는 뜻도 있고, "크고 많다."라는 뜻도 있어.

언제 쓰일까?

가면 갈수록, 하면 할수록 더욱 어려운 일이 생길 때 쓰는 속담이에요. "어제 수학 문제 열 개를 겨우 풀었는데 오늘은 스무 개를 풀라고? 갈수록 태산이네!"

산과 관련한 속담

산이 높아야 골이 깊다
품은 뜻이 높으면 생각 또한 깊다.

산중에 거문고라
외딴 산에 있는 거문고처럼 어떤 곳에 어울리지 않는 것.

지나가는 이야기

옛날 사람들은 아주 먼 길을 걸어 다녔어요. 지금처럼 도로가 잘 갖춰져 있지 않아 산을 넘어야 할 때도 많았지요. 그러다가 아주 험한 길을 마주하기도 하고 호랑이나 산적을 만나기도 했어요. 이렇게 겨우겨우 힘들게 산을 넘었는데 눈앞에 더 큰 산이 있다면 얼마나 막막했을까요? 그래서 "갈수록 태산."이라는 속담이 나왔을지도 몰라요.

같은 값이면 다홍치마

이왕이면 보기 좋은 것을 고른다.

한자 성어 동가홍상(同價紅裳)　**비슷한 속담** 보기 좋은 떡이 먹기도 좋다.

언제 쓸일까?

같은 값에 비슷한 두 물건이 있다면 조금 더 예쁜 것을 고를 거예요. 소중한 용돈으로 사는데 당연히 예쁜 것을 골라야죠!

치마와 관련한 속담

치마가 열두 폭인가
남의 일에 쓸데없이 간섭함을 비꼬는 속담.

황 정승 댁 치마 하나 세 모녀 돌려 입듯
황희 정승의 검소한 삶에서 나온 속담.

지나가는 이야기

"같은 값이면 다홍치마."를 아주 잘 실천하는 브랜드가 있어요. 바로 스마트폰으로 유명한 '애플'이에요. 애플이 세계적인 브랜드가 된 이유는 '디자인'을 중요하게 생각했기 때문이에요. 애플을 세운 스티브 잡스는 디자인을 무엇보다 중요하게 여겼어요. 그는 아무리 좋은 기능을 갖춰도 디자인이 사람들의 눈길을 끌지 못하면 소용없다고 생각했어요. 그래서 최고의 디자이너에게 아름다운 디자인을 만들게 했어요. 그의 예상대로 애플은 멋진 디자인으로 세계에서 제일가는 브랜드로 자리매김했답니다.

개구리 올챙이 적 생각 못 한다

자신의 어설픈 과거를 떠올리지 못하고 자만하다.

한자 성어 과두시사(蝌蚪時事, 올챙이 때의 일)
비슷한 속담 나비가 애벌레 시절 모른다. 닭이 병아리 시절 모른다.

언제 쓰일까?

구구단을 잘 못 외우는 동생을 보고 저 쉬운 구구단을 왜 못 외울까, 생각했나요? 여러분도 구구단을 처음 외울 때 똑같이 헤맸을 거예요. 개구리가 올챙이 때를 떠올리지 못하듯 구구단이 어려웠던 때를 떠올리지 못하는 거지요.

개구리와 관련한 속담

개구리도 웅크려야 뛴다
더 높이 뛰어오르려면 그만한 준비가 필요하다.

개구리 낯짝에 물 붓기
어떤 자극이 조금도 먹혀들지 않는다.

지나가는 이야기

올챙이와 개구리는 같은 종이라고 믿기지 않을 만큼 다르게 생겼어요. 그렇다면 올챙이는 어떻게 개구리가 되는 걸까요? 태어난 지 20일을 맞은 올챙이에게는 뒷다리가 생겨요. 그리고 30일째에 앞다리가 생기지요. 이렇게 뒷다리가 쑥 앞다리가 쑥 나온 뒤 50일째에 팔딱팔딱 개구리가 된답니다. 이렇게 다르게 생겼으니 개구리가 올챙이 적을 생각 못 할 만하네요.

개똥도 약에 쓰려면 없다

하찮게 여긴 물건이 막상 필요할 때는 안 보인다.

비슷한 속담 까마귀 똥도 오백 냥 하면 물에 깔긴다. 먹고 죽자 해도 없다.

언제 쓰일까?

여러분이 쉽게 구할 수 있는 테이프나 고무줄은 평소에 아무 데나 굴러다니지만 정작 필요할 때면 보이지 않아요. 이런, 개똥도 약에 쓰려면 안 보인다더니!

똥과 관련한 속담

똥구멍이 찢어지게 가난하다
몹시 가난한 살림을 비유하다.

똥은 말라도 구리다
저지른 나쁜 일은 쉽게 없애기 어렵다.

아끼다 똥 된다
쓰지 않고 아끼면 결국 못 쓰게 될 수 있다.

> **지나가는 이야기**

정말로 개똥을 약에 썼을까요? 조선 시대의 의학 도서 《동의보감》에는 흰 개의 똥을 말려서 태운 다음 술에 타서 마시면 몸의 피로와 독을 사라지게 해 준다고 나와 있어요. 또한 개똥을 담근 물의 윗부분을 떠서 마신 뒤 술을 마시면 관절이 튼튼해지고 멍이 빠진다고도 해요. 하지만 진짜 개똥을 먹어 볼 생각은 하지 마세요. 똥에는 나쁜 세균이 많아 몸에 좋지 않으니까요. 지금은 옛날과 달리 좋은 치료법과 약이 많으니 굳이 개똥을 약에 쓸 필요는 없어요.

고래 싸움에 새우 등 터진다

강자의 싸움에 말려든 약자가 피해를 보다.

한자 성어 경전하사(鯨戰鰕死)　비슷한 속담 독 틈에 탕관(국이나 약을 끓이는 그릇).

언제 쓰일까?
가만히 있다가 다른 사람들의 싸움에 휘말렸을 때 쓰는 속담이에요. 특히 힘센 사람들끼리의 싸움에 약한 사람이 말려들었을 때 써요.

물고기와 관련한 속담
나무에서 물고기 찾기
할 수 없는 일을 하려고 애쓰는 모양.

물고기는 물을 떠나 살 수 없다
각자 자신에게 맞는 장소가 있다.

잉어 숭어가 오니 물고기라고 송사리도 온다
남이 하니 분별없이 따라 하다.

지나가는 이야기

살다 보면 고래 싸움에 등이 터진 새우처럼 자신과 관련 없는 일에 휘말려서 큰 낭패를 볼 때가 있어요. 특히 약자가 손해를 볼 때가 많지요. 우리나라 역사에서도 그러한 예를 찾아볼 수 있어요. 삼국 시대, 한반도에는 고래처럼 커다란 고구려와 백제, 신라가 있었어요. 세 나라의 힘 겨루기가 한창일 때 가야는 삼국에 낀 작고 힘이 약한 나라였어요. 결국 가야는 신라에 흡수되어 버리고 말았답니다.

고생 끝에 낙이 온다

고생의 결실은 반드시 오기 마련이다.

`한자 성어` 고진감래(苦盡甘來)   `비슷한 속담` 큰 산을 넘으면 평지를 본다.

어려움 끝에 황금 카드를 드디어 뽑았다!

언제 쓰일까?

낙(樂)은 '즐거움'이라는 뜻의 한 자예요. 노력 끝에 이루어 내거나 힘든 일이 지나가고 좋은 일이 왔을 때 즐거움이 온다 하여 쓰는 속담이랍니다.

고생과 관련한 속담

고생을 밥 먹듯 하다
자꾸 고생을 하다.

머리가 나쁘면 손발이 고생한다
지도자가 나쁘면 다른 사람이 힘들다.

젊어 고생은 사서도 한다
젊을 때의 고생은 발전을 위해 좋은 경험이 된다.

지나가는 이야기

한국을 대표하는 MC 유재석은 많은 사랑을 받는 연예인이에요. 이런 유명세 뒤에는 오랜 무명 시절이라는 힘든 시간이 있었어요. 유재석은 1991년에 열린 대학 개그제에서 장려상을 받으며 데뷔했어요. 그 후 7년 동안 큰 두각을 보이지 못했답니다. 게다가 무대 공포증까지 찾아왔어요. 절망스러운 상황에서도 그는 포기하지 않았어요. 날마다 연습하며 실력을 쌓고 무대 공포증을 극복한 결과, 누구나 인정하는 최고의 MC가 되었답니다.

고양이 목에 방울 달기

해내면 큰 이익을 보지만 실행하기 어렵고 위험한 일.

한자 성어 묘두현령(猫頭懸鈴) 비슷한 속담 마른 나무에 꽃이 피랴.

언제 쓰일까?

누군가 해 주면 정말 좋을 텐데 막상 내가 나서기에는 곤란한 일을 비유하는 속담이에요. 그래서 서로에게 미루다가 흐지부지되기도 하지요.

고양이와 관련한 속담

고양이 쥐 생각
겉으로는 위하는 척하면서 품는 나쁜 생각.

고양이한테 생선을 맡기다
가장 믿지 못할 사람에게 일을 맡기다.

얌전한 고양이 부뚜막에 먼저 올라간다
겉으로는 얌전해 보이는 사람이 뒤로는 제 실속을 다 챙기다.

지나가는 이야기

살금살금 다가오는 고양이는 쥐들에게 공포스러운 존재였어요. 그래서 쥐들은 고양이 대책 회의를 열었지요. 꼬마 쥐가 고양이 목에 딸랑딸랑 소리 나는 방울을 달자고 말했어요. 쥐들은 좋은 의견이라며 기뻐했어요. 그런데 다른 쥐가 방울은 누가 다느냐고 묻자 모두가 조용해졌어요. 아무도 고양이에게 다가가 방울을 달고 싶지 않았거든요. 잘못하면 잡아먹힐 수 있으니까요. 그렇게 고양이 목에 방울 달기 작전은 나서는 쥐가 없어 실패하고 말았답니다.

공든 탑이 무너지랴

노력은 배신하지 않는다.

비슷한 속담 지성이면 감천이다.

"공들다"는 "많은 정성을 들인다."라는 뜻이야.

언제 쓰일까?

대충 쌓은 탑은 금방 무너지기 마련이에요. 하지만 정성을 들여 차곡차곡 쌓은 탑은 쉽게 무너지지 않아요. 노력하면 할수록 더욱 값진 결과를 얻을 수 있답니다.

탑과 관련한 속담

개미 금탑 모으듯
재물을 조금씩 알뜰히 모으다.

개미는 작아도 탑을 쌓는다
보잘것없는 사람이라도 꾸준히 노력하면 훌륭한 일을 할 수 있다.

공든 탑도 개미구멍으로 무너진다
작은 실수나 방심으로 큰일을 망쳐 버린다.

지나가는 이야기

돼지 삼 형제가 집을 지었어요. 첫째는 짚을 대충 엮고 둘째는 나무를 엉성하게 쌓아 집을 지었어요. 셋째는 차곡차곡 벽돌을 쌓아 올렸기에 집을 완성하기까지 형들보다 더 오래 걸렸어요. 어느 날 배고픈 늑대가 나타나자 돼지 형제들은 각자의 집으로 도망쳤어요. 늑대는 첫째의 집을 바람으로 날리고 둘째의 집을 발로 차서 부쉈어요. 첫째와 둘째는 셋째의 집으로 도망갔어요. 두 돼지를 쫓아 셋째의 집에 다다른 늑대는 벽돌을 발로 찼지만 꿈쩍도 하지 않았어요. 어떻게 해도 소용없자, 늑대는 포기하고 숲으로 돌아갔어요. 그 후로 첫째와 둘째는 자신들도 튼튼한 벽돌집을 만들어야겠다고 다짐했답니다.

굼벵이도 구르는 재주가 있다

아무리 하찮아 보이는 사람도 잘하는 것이 하나는 있다.

`한자 성어` 계명구도(鷄鳴狗盜)　`비슷한 속담` 사람마다 타고난 재주는 하나씩은 있다.

말이나 행동이 느린 사람을 '굼벵이'라고 불러.

언제 쓰일까?

아무리 보잘것없는 사람이라도 잘하는 것이 하나쯤은 있답니다. 이 속담은 이런 재능을 발견했을 때 쓸 수 있는 표현이에요. 하지만 굼벵이라니! 듣는 사람의 기분은 썩 좋지 않을지도 몰라요.

벌레와 관련한 속담

메뚜기도 한철이다
제때를 만난 듯이 날뛰는 사람을 비유한 속담.

번데기 앞에서 주름잡는다
뛰어난 재능이 있는 사람 앞에서 잘난 체하다.

처서가 지나면 모기 입이 삐뚤어진다
여름이 지나고 추위가 다가오고 있다.

지나가는 이야기

굼벵이는 정말로 구르는 재주가 있을까요? 사실 굼벵이는 구르기보다 꿈틀꿈틀 기어다니기를 더 잘한답니다. 평소에 구르는 것 같이 몸을 웅크리고 있어서 그런 재주가 있다고 생각했나 봐요. 그런데 굼벵이가 약으로 쓰였다는 사실을 알고 있나요? 그래서 《동의보감》이나 《본초강목》과 같은 책에도 굼벵이가 등장해요. 굼벵이의 맛은 짭짤하다고 하는데 생김새를 보면 별로 먹어 보고 싶지는 않네요.

귀신이 곡할 노릇

희한하고 놀라운 일이 벌어지다.

한자 성어 신공귀부(神工鬼斧, 귀신의 도끼를 다듬을 만큼 놀라운 재주)
비슷한 속담 귀신이 하품할 만하다.

"곡하다."는 큰 소리를 내며 서럽게 운다는 뜻이야.

언제 쓰일까?

무서운 귀신이 곡할 만큼 드물고 신기한 일이 일어났다는 뜻이에요. 귀신이 곡한다니 안 좋은 일이 일어났을 때만 써야 할 것 같지만 좋거나 놀라운 일에도 쓸 수 있답니다.

귀신과 관련한 속담

귀신 씻나락 까먹는 소리
분명하지 않게 구시렁거리다.

돈이 있으면 귀신도 부릴 수 있다
돈만 있으면 못 할 일이 없다.

먹고 죽은 귀신이 때깔도 곱다
먹는 것이 무엇보다도 우선.

지나가는 이야기

궁이는 화살 다섯 발을 맞혀야 합격할 수 있는 장군 시험을 봤어요. 세 번째 화살이 명중하고 네 번째 화살을 날리자 어디선가 바람이 불어오지 뭐예요? 궁이는 시험에서 떨어지고 말았어요. 그 이후로 시험을 볼 때마다 네 발째에 바람이 불어 10년이 넘도록 시험에 붙지 못했어요. 30세가 된 궁이는 포기하지 않고 시험에서 네 발째를 쏘려고 했어요. 그때 궁이가 갑자기 눈물을 흘리자 시험관이 무슨 일인지 물어봤어요. 지금까지 궁이에게 있었던 이야기를 듣고 고민하던 시험관은 앞서 쏜 세 발을 뽑은 뒤 다시 쏘라고 했어요. 그 말대로 하자 남은 두 발도 모두 명중했답니다. 그 순간, 하늘에서 원통해하는 귀신의 울음소리가 들렸어요. 이때부터 신기한 꾀를 내면 귀신이 곡할 노릇이라고 하기 시작했답니다.

그림의 떡

바라보기만 할 뿐 가질 수는 없는 물건.

한자 성어 화중지병(畫中之餅) **비슷한 속담** 개 그림 떡 바라듯, 못 먹는 감 찔러나 본다.

언제 쓸까?

그림 속에 있는 떡은 아무리 맛있어 보여도 먹을 수 없어요. 이 속담은 볼 수 있어도 얻을 수 없는 물건을 비유할 때 쓰는 표현이에요.

떡과 관련한 속담

굿도 볼 겸 떡도 먹을 겸
겸사겸사 이익을 본다.

남의 떡으로 선심 쓴다
남의 것으로 생색을 내다.

떡 주고 뺨 맞는다
남에게 좋은 일을 해 주고 도리어 화를 입다.

지나가는 이야기

중국 삼국 시대 위나라의 명제(明帝) 때 이야기예요. 명제에게는 노육이라는 신하가 있었어요. 그의 뛰어난 능력을 눈여겨본 명제는 노육을 곁에 두고 중요한 일을 맡기곤 했어요. 어느 날 명제는 노육에게 인재를 뽑게 하며 이렇게 당부했어요.
"그대 손에 인재를 뽑는 일이 달려 있소. 다만 사람을 뽑을 때 명성은 보지 마시오. 명성은 땅 위에 그려진 그림 같아 결코 얻을 수 없으니 말이오."
명제의 말에 노육은 이렇게 대답했다고 해요.
"명성으로 좋은 이를 뽑을 수 없다면 평범한 이를 뽑아야겠지요. 하오나 전하, 평범한 이가 노력하고 학문을 게을리하지 않는다면 명성은 자연스레 얻지 않겠습니까? 명성이 있다 하여 굳이 거르지는 않아도 되겠습니다."

금강산도 식후경

아무리 중요한 일도 배가 고프면 진행할 수 없다.

비슷한 속담 꽃구경도 식후사, 먹고 죽은 귀신이 때깔도 좋다.

밥을 먹어야 힘이 나지!

언제 쓰일까?

"일단 밥부터 먹고 합시다!"를 속담으로 하면 '금강산도 식후경'이에요. 아무리 경치가 뛰어난 금강산에 갔다 해도 배가 고프면 아무것도 눈에 들어오지 않을 테니까요.

음식과 관련한 속담

둘이 먹다 하나가 죽어도 모르겠다
음식이 아주 맛있다.

맛있는 음식도 늘 먹으면 싫다
좋은 일이라도 되풀이하면 싫어진다.

숭늉에 물 탄 격
음식이나 사람의 성격이 싱겁다.

지나가는 이야기

금강산은 한반도를 대표하는 아름다운 산이에요. 그 높이는 무려 1638m이지요. 우리나라에서 가장 높은 건물인 잠실롯데월드타워보다 세 배나 높아요. 금강산의 자랑은 높이뿐만이 아니에요. 아름다운 경치로도 잘 알려져 있어요. 이 금강산은 북한에 있어요. 옛날에는 금강산에 관광하러 갈 수 있었지만 지금은 방문이 안 된다고 해요. 정말 금강산도 식후경인지 확인도 할 겸 아름다운 금강산을 하루빨리 다시 볼 수 있으면 좋겠어요.

길고 짧은 건 대 봐야 안다

직접 겨뤄 보기 전에는 결과를 알 수 없다.

한자 성어 장단상교(長短相較)
비슷한 속담 물은 건너 봐야 알고 사람은 지내 봐야 안다.

언제 쓰일까?
운동 경기를 보면 예상과 전혀 다른 결과가 나올 때가 있어요. 역시 길고 짧은지 결과는 대봐야 해요. 항상 예상대로만 흘러가면 재미없잖아요?

길이와 관련한 속담
굴에 든 뱀 길이를 알 수 없다
남에게 있는 재주나 보물이 어느 정도인지 알 수 없다.

지나가는 이야기

토끼와 거북이의 달리기 경주 소식이 빠르게 퍼져 나갔어요. 경기가 시작되자 토끼는 쌩~ 하고 달려 나갔어요. 하지만 거북이는 느릿느릿 기어갔지요. 토끼와 거북이의 거리는 점점 벌어졌어요. 아직도 저 멀리에 있는 거북이를 본 토끼는 나무 아래에서 잠들었어요. 그렇게 토끼가 자는 사이 거북이는 엉금엉금 기어 결승전을 통과했지요. 뒤늦게 잠에서 깬 토끼는 땅을 치며 한탄했어요.
"길고 짧은 건 대 봐야 안다더니, 거북이가 이길 줄이야!"

꼬리가 길면 밟힌다

나쁜 행동을 계속하면 들킬 수밖에 없다.

한자 성어 미장즉답(尾長則踏)　비슷한 속담 고삐가 길면 밟힌다.

언제 쓰일까?
여러 번 몰래 하던 잘못을 결국 들켰을 때 쓰는 속담이랍니다. 한두 번은 넘어갈 수 있어도 계속하다 보면 덜미를 잡힐 수밖에 없어요.

꼬리와 관련한 속담
꼬리를 감추다
흔적이 감쪽같이 사라졌다.

꼬리를 달다
불필요한 말을 더하다.

꼬리에 꼬리를 물다
멈추지 않고 다음으로 이어지는 상황.

지나가는 이야기

꼬리가 길면 밟힌다는 속담은 정말 재미있는 표현이에요. 그런데 모든 동물에게 다 있는 꼬리가 왜 사람에게는 없을까요? 사실 우리 몸에 꼬리는 없지만 꼬리가 있었던 흔적이 남아 있어요.

엉덩이 위쪽에 '꼬리뼈'라는 뼈가 있어요. 꼬리뼈는 아주 작은 꼬리처럼 생겼어요. 피부에 가려져 평소에는 보이지 않지만 엑스레이를 찍으면 볼 수 있지요. 이 꼬리뼈는 우리의 조상에게 꼬리가 있었다는 증거랍니다.

꿩 대신 닭이다

가장 좋은 선택지가 없어서 다음 것을 고르다.

한자 성어 치대신계(雉代身鷄)   비슷한 속담 봉 아니면 꿩이다.

수컷 꿩을 '장끼', 암컷 꿩을 '까투리'라고 불러.

언제 쓰일까?

"아쉽지만 어쩔 수 없지."
언제나 가장 좋은 것을 고를 수는 없어요. 이 속담은 어쩔 수 없이 대신할 만한 선택을 할 때 쓰는 표현이에요.

꿩과 관련한 속담

꿩 구워 먹은 자리
어떤 행동을 하고도 아무런 흔적이 보이지 않는다.

꿩은 머리만 풀에 감춘다
얕은 수로 위험을 피하려다 결국 탄로나다.

털 뜯은 꿩
앙상하고 볼품없음을 비유하다.

> **지나가는 이야기**

꿩은 몸이 크고 털이 화려해요. 여기에 더해 꿩은 고기 맛이 닭보다 훨씬 맛있다고 해요. 우리가 치킨을 좋아하는 것처럼 조상님들은 꿩고기를 사랑했답니다. 신라의 무열왕도 그 맛에 반했다고 하니 얼마나 맛있는 고기였을까요? 꿩은 백숙, 육포 등으로 다양하게 요리해 먹었어요. 하지만 사냥하기가 쉽지 않아서 특별한 날에만 먹는 고급 요리였답니다. 그래서 쉽게 구할 수 있는 닭을 꿩 대신 썼다고 하지요.

꿩 먹고 알 먹기

하나의 행동으로 둘 이상의 이득을 보다.

한자 성어 일석이조(一石二鳥)   **비슷한 속담** 누이 좋고 매부 좋다, 뽕도 따고 님도 보고.

고기도 먹고, 알도 먹고!

언제 쓰일까?

청소하다가 돈을 발견했어요. 방도 깨끗해지고 돈도 얻었으니 정말 좋은 일이 두 가지나 생겼네요. 이처럼 행동 한 번으로 이익을 여럿 얻었을 때 콧노래를 부르며 이 속담을 쓰면 된답니다.

알과 관련한 속담

낙동강 오리 알 신세
어디에도 끼지 못하고 아무런 관심을 받지 못하다.

알을 두고 온 새의 마음
마음을 놓지 못하고 불안해하다.

용의 알을 얻은 것 같다
보물을 얻은 듯 귀히 여기다.

지나가는 이야기

꿩은 겁이 많은 동물이에요. 사람이 나타나면 후다닥 달아나 버려요. 그런데 꿩이 멀리 도망가지 않을 때가 있어요. 바로 알을 품을 때예요. 꿩은 모성애가 강해서 알을 품을 때는 멀리 도망가지 않아요. 알을 품고 있는 꿩은 잡기 쉽답니다. 그래서 사냥꾼은 알을 품은 꿩을 보면 '웬 떡이냐!' 하고 생각했대요. 꿩도 먹고 알도 먹을 수 있으니까요.

남의 떡이 커 보인다

내가 가진 것보다 남의 것이 더 좋아 보인다.

한자 성어 가계야치(家鷄野雉, 집에 있는 닭은 하찮고 멀리 있는 꿩은 좋은 줄 알다)
비슷한 속담 남의 짐이 더 가벼워 보인다, 남의 밥에 든 콩이 더 굵어 보인다

언제 쓰일까?

친구와 닭 다리를 하나씩 나눠 먹었어요. 분명히 같은 닭 다리인데 이상하게 친구의 닭 다리가 더 커 보이지 않겠어요? 이 속담은 제 것보다 남의 것에 더 욕심 나는 상황에서 쓸 수 있어요.

떡과 관련한 속담

떡 먹은 입 쓸어 치듯
떡을 먹고도 안 먹은 듯 시치미 떼다.

떡 본 김에 제사 지낸다
우연히 운 좋을 때 하려던 일을 해치우다.

어른 말을 들으면 자다가도 떡이 나온다
어른의 말을 잘 들으면 좋은 일이 생긴다.

지나가는 이야기

욕심 많은 형제는 간식을 먹을 때마다 조금이라도 더 먹으려 싸웠어요. 어느 날, 어머니가 떡 하나를 형에게 주며 잘라 보라고 했어요. 형은 기뻐하며 한 조각은 크고 다른 한 조각은 볼품없이 작게 잘랐어요. 동생은 실망스러운 얼굴로 떡을 바라봤어요. 그러자 어머니는 동생에게 무슨 떡을 먹을지 골라 보라고 했어요. 표정이 밝아진 동생은 큰 조각을 골랐어요. 그 후로도 엄마는 한 사람은 자르고 다른 사람은 고르게 시켰어요. 자르는 사람은 되도록 똑같이 자르기 위해 노력했지요. 그렇게 형제는 싸우지 않고 무엇이든 공평하게 나누었답니다.

낫 놓고 기역 자도 모른다

아는 것이 하나도 없어 무식하다.

한자 성어 목불식정(目不識丁)　비슷한 속담 기역 자 왼 다리도 못 그린다.

낫은 풀을 베는 농기구야.

언제 쓸까?

아는 게 없는 상대방을 깎아내 릴 때 쓸 수 있는 속담이에요. 특히 힌트가 되는 것이 바로 앞 에 있을 때 쓰면 딱이죠.

농기구와 관련한 속담

괭이자루가 쉽게 빠지면 가문다
괭이자루가 빠질 만큼 메마르면 비가 오지 않는다.

한 어깨에 두 지게 질까
두 사람의 몫을 하기에 무리니 바쁘더라도 차근차근 해야 한다.

래비: 으으, 수학 너무 어려워.
직육면체가 도대체 뭐냐고!

블루: 낫 놓고 기역 자도 모른다더니. 스마트폰이 직육면체잖아.

래비: 아, 그렇구나. 그런데 낫이 뭐야?

블루: 끝이 없네.

— 저거는? / 정사면체!
— 저거는? / 정육면체!
— 그럼 저건? / 저건…….
— 엉덩이체? / 캬하하!

지나가는 이야기

오른쪽 사진의 기역 자 모양 기구가 낫이에요. 풀을 베는 농기구이지요. 과거에는 농사를 지었기 때문에 조상들에게 낫은 아주 익숙한 물건이었어요. 마치 오늘날의 스마트폰처럼 말이에요. 그래서 "낫 놓고 기역 자도 모른다."라는 속담이 생겼답니다. 정말 기역처럼 생겼죠? 지금으로 따지면 "도넛 보고 이응(ㅇ) 자 모른다, 젓가락 보고 이(ㅣ) 자 모른다."랄까요?

낮말은 새가 듣고 밤말은 쥐가 듣는다

어디에서 누가 들을지 모르니 말조심해야 한다.

한자 성어 주어작청 야어서청(晝語雀聽 夜語鼠聽)
비슷한 속담 담에도 귀가 달려 있다, 발 없는 말이 천 리 간다.

언제 쓰일까?

"너만 알고 있어!"라고 딱 한 명에게만 이야기했는데 어느새 반 전체에 소문났던 경험이 있나요? 이 속담은 언제, 어디에서 누가 듣고 있을지 모르니 말조심하라는 뜻이에요.

쥐와 관련한 속담

물독에 빠진 생쥐 같다
흠뻑 젖어 초라한 모습.

쥐가 고양이를 만난 격
무서운 사람 앞에서 꼼짝 못 한다.

풀 방구리에 쥐 드나들듯
매우 자주 드나드는 모양.

지나가는 이야기

이 속담에는 과학 원리가 숨어 있어요. 소리는 차가운 쪽으로 이동하려는 성질이 있어요. 낮에는 태양 때문에 땅이 뜨거워져요. 소리는 뜨거운 땅을 피해 차가운 하늘 쪽으로 퍼져 나가지요. 반대로 밤에는 땅이 식어 차가워져요. 그래서 이번에는 차가운 땅 쪽으로 소리가 퍼져 나간답니다. 그러니 낮에는 하늘에 있는 새가, 밤에는 땅에 있는 쥐가 소리를 잘 들을 수 있지요.

내 코가 석 자

내가 급한 상황이라 남을 돌볼 여유가 없다.

`한자 성어` 오비삼척(吾鼻三尺) `비슷한 속담` 제 코가 석 자.

언제 쓰일까?
아무리 남 도와주기를 좋아하는 사람이라도 당장 내 일이 급하면 부탁을 들어주기가 힘들어요. 일단 스스로의 일부터 해결하는 게 우선이겠지요?

코와 관련한 속담
손 안 대고 코 풀기
힘을 전혀 들이지 않고 어떤 일을 해결하다.

엎어지면 코 닿을 곳
매우 가까운 거리.

입 아래 코
일의 순서가 바뀌다.

지나가는 이야기

"내 코가 석 자."에서 '석 자'는 무슨 뜻일까요? '석'은 '셋'이라는 뜻이에요. 석 달은 3개월, 석 냥(옛날 화폐 단위)은 3냥이라는 뜻이지요. 그리고 '자'는 길이를 나타내는 단위예요. 한 자가 30cm 정도라고 해요. 그러니 내 코가 석 자라면 내 코는 90cm나 된다는 뜻이지요. 코가 90cm라니 어떻게 된 걸까요? 여기의 코는 신체의 코가 아니라 '콧물'이라는 뜻이에요. 가끔 "콧물 나온다." 대신에 "코 나온다."라고 하잖아요? 그러니 콧물이 90cm나 될 만큼 길게 나왔다는 뜻이지요. 콧물이 90cm나 나왔다니 정말 남을 신경 쓸 때가 아니네요.

누워서 침 뱉기

남을 해치려다 도리어 자신이 해를 입다.

한자 성어 앙천이타(仰天而唾) **비슷한 속담** 제 갗(가죽)에 침 뱉기, 하늘에 돌 던지는 격.

언제 쓰일까?

"우리 반은 엉망이야."라고 하면 곧 자신을 욕하는 말이 돼요. 여러분도 반에 있는 한 사람이니까요. 이 속담은 내뱉은 욕이 자신에게 돌아올 때 쓸 수 있는 표현이에요.

침과 관련한 속담

돈에 침 뱉는 놈 없다
누구든 돈을 소중히 여긴다.

웃는 낯에 침 못 뱉는다
좋게 대해 주는 사람에게 나쁘게 행동할 수 없다.

입술에 침이나 바르지
뻔한 거짓말을 아무렇지 않게 하다.

지나가는 이야기

누워서 침 뱉기라니 정말 더러운 속담이에요. 그런데 침은 왜 나올까요?
침은 여러분이 먹은 음식의 소화를 도와줘요. 쌀밥을 꼭꼭 씹다 보면 단맛이 느껴지는데 이는 침 속의 성분이 쌀을 분해하기 때문이에요. 침은 음식을 분해해 소화시켜 줄 뿐만 아니라 세균을 물리쳐 주기도 해요. 침 속의 성분이 세균의 단단한 갑옷을 부숴 준답니다. 더러운 줄로만 알았던 침이 알고 보니 참 많은 도움을 주고 있었어요.

다 된 밥에 재 뿌린다

다 된 일을 그르친다.

한자 성어 공휴일궤(功虧一簣) 비슷한 속담 다 된 죽에 코 빠졌다.

언제 쓰일까?

열심히 그림 숙제를 했어요. 이제 마지막으로 나무 두 그루만 그리면 끝이에요. 그런데 키우는 고양이가 그림에 콜라를 쏟아 버렸지 뭐예요? 이 속담은 완성을 앞에 두고 일이 망쳐졌을 때 쓸 수 있답니다.

밥과 관련한 속담

많은 밥에 침 뱉기
매우 심술이 사나운 짓.

밥 위에 떡
좋은 일에 더 좋은 일이 겹치다.

밥 한 알이 귀신 열을 쫓는다
몸이 약해졌을 때 충분히 잘 먹고 돌보면 빠르게 낫는다.

지나가는 이야기

지금은 전기밥솥이 뚝딱 밥을 해 줘요. 그렇다면 전기밥솥이 있기 전에는 어떻게 밥을 지었을까요? 밥을 지으려면 아궁이에 불을 때야 했어요. 그다음 가마솥을 올리고 오랜 시간 지켜봐야 했지요. 이르게 솥뚜껑을 열면 밥이 설익고 늦게 열면 밥이 탔어요. 그래서 맛있는 밥을 지으려면 정확한 시간이 될 때까지 지켜봐야 했답니다. 이렇게 힘들게 밥을 지었는데 재가 들어가 먹지 못한다면 얼마나 안타까웠을까요?

닭 잡아먹고 오리발 내민다

잘못을 저질러 놓고 엉뚱한 수작으로 속이려고 한다.

비슷한 속담 눈 가리고 아웅, 입술에 침이나 바르지.

언제 쓸까?

악플을 달았더니 아이디를 정지 당했어요. 변명으로 내가 아니라 동생이 남긴 것이라고 했지만 뻔한 거짓말이 통할 리 없지요. 잘못해 놓고 발뺌하는 모습이 닭을 잡아먹고 오리발을 내미는 꼴이에요.

닭과 관련한 속담

닭이 천이면 봉이 한 마리 있다
많은 사람 가운데 뛰어난 사람도 있다.

소 닭 보듯
서로 관심 없이 보는 모습.

용의 꼬리보다 닭의 머리가 낫다
보잘것없어도 작은 무리의 우두머리 노릇이 낫다.

지나가는 이야기

닭발과 오리발을 본 적이 있나요? 언뜻 비슷하게 생겼을 것 같지만 이 둘은 큰 차이가 있답니다.

닭은 초원에서 살고 오리는 물가에 살아요. 물에서 헤엄치는 오리의 발에는 닭발에 없는 특별한 무언가가 있어요. 바로 발가락과 발가락 사이의 '물갈퀴'라는 작은 막이랍니다. 이 막이 물을 밀어 헤엄을 잘 칠 수 있도록 도와줘요. 이러니 닭을 잡아먹고 물갈퀴가 있는 오리발을 내민다면 금방 들킬 수밖에요.

닭 쫓던 개 지붕 쳐다보듯 한다

애쓰던 일이 수포로 돌아가 어찌할 도리가 없다.

한자 성어 축계망리(逐鷄望籬)
비슷한 속담 닭 쫓던 개 먼 산 바라보듯, 닭 쫓던 개 울타리 넘겨다보듯.

언제 쓰일까?

동생이 등을 때리고 도망갔어요. 혼내 주려고 쫓아갔더니 엄마 뒤로 홀랑 숨지 않겠어요? 똑같이 동생 등을 때리면 엄마한테 크게 혼날 텐데. 이 속담은 이처럼 이도 저도 못 하는 상황에서 쓰는 표현이에요.

개와 관련한 속담

개같이 벌어서 정승같이 산다
굳은 일을 해서 번 돈을 보람 있게 쓰다.

개 팔자가 상팔자
놀고 있는 개가 부러울 만큼 고생스럽다.

어디 개가 짖느냐 한다
남이 하는 말을 무시하여 들은 체도 않다.

지나가는 이야기

닭에게는 있지만 개에게는 없는 것은 무엇일까요? 정답은 바로 '날개'입니다! 개는 벼슬 말고도 부리도 없다고요? 맞아요. 그것도 정답이네요. 닭이 지붕 위로 풀쩍 올라가면 개는 어쩔 도리가 없어요. 날개가 없으니 날아오를 수 없거든요. 닭처럼 날개가 있고 알을 낳는 동물을 '조류'라고 해요. 독수리, 참새와 같은 새도 조류예요. 이와 달리 개, 사자, 사슴처럼 네발이 달리고 새끼를 낳는 동물은 '포유류'예요. 참고로 사람도 포유류랍니다.

도둑이 제 발 저리다

자신이 저지른 잘못을 들킬까 수상하게 행동하다.

한자 성어 주적심허(做賊心虛, 도둑질하면 마음이 허하다)
비슷한 속담 도둑이 포도청 간다, 도둑놈이 제 말에 잡힌다.

언제 쓰일까?

죄를 지으면 혹여나 들킬까 긴장해요. 그러면 자신도 모르게 지나치게 수상한 행동을 하지요. 이런 사람을 보면 "도둑이 제 발 저리네!"라고 하면 된답니다.

도둑과 관련한 속담

도둑에게 열쇠 준다
믿지 못할 사람에게 일을 맡기는 어리석음.

도둑의 씨가 따로 없다
환경과 조건에 따라 누구든 도둑이 될 수 있다.

도둑이 매를 든다
잘못한 사람이 도리어 나무라다.

지나가는 이야기

탐정이 조수와 범죄 사건을 조사하고 있었어요. 현장에는 구경꾼이 많았어요. 조수는 사람들 가운데 범인을 어떻게 찾느냐고 탐정에게 물었어요. 그런데 갑자기 탐정이 구경꾼 무리를 보며 소리 치는 게 아니겠어요?
"저기 범인이다! 잡아라!"
그때 갑자기 구경꾼 사이에서 한 사람이 다급하게 도망쳤어요. 도둑이 잡히자 조수는 어떻게 저 사람이 범인인지 알았냐고 물었어요. 탐정은 이렇게 말했답니다.
"사실 범인이 누군지 모르는데 그냥 외쳐 본 거야. 구경꾼에 범인이 있다면 제 발 저려서 도망칠 테니까."

독 안에 든 쥐

궁지에서 벗어날 수 없는 상황.

한자 성어 부중지어(釜中之魚, 솥 안의 물고기)
비슷한 속담 도마에 오른 고기, 바람 앞의 등불.

언제 쓰일까?

쥐가 독에 빠지면 더 이상 도망갈 곳이 없겠지요? 이 속담은 벗어날 수 없는 위기에 놓였을 때 쓸 수 있는 표현이에요.

독(항아리)과 관련한 속담

귀가 항아리만 하다
남이 하는 말을 곧이곧대로 받아들이다.

독 안에서 소리치기
남이 보지 않는 곳에서나 큰소리치고 잘난 척하다.

지나가는 이야기

독은 김치나 간장 등을 보관할 수 있는 용기예요. 입구와 바닥은 좁고 가운데가 볼록하게 나와 있지요. 이런 모양이다 보니 쥐가 한 번 이곳에 빠지면 나올 수가 없어요. 올라가려면 미끄러지고 다시 올라가려면 또 미끄러지거든요. 누가 꺼내 주지 않는 이상 옴짝달싹 못 해요. 어떻게 해도 빠져나갈 수 없는 독에 빠진다면 쥐는 얼마나 막막할까요? 그야말로 절망 그 자체 아닐까요?

돌다리도 두들겨 보고 건너라

매사에 신중히 행동해야 한다.

한자 성어 심사숙고(深思熟考, 아주 깊이 잘 생각하다)
비슷한 속담 아는 길도 물어가라, 일곱 번 재고 천을 째라.

언제 쓰일까?

아무리 튼튼해 보이는 돌다리도 흠이 있을 수 있어요. 안전을 위해 건너기 전 돌다리를 두드려 확인해야지요. 이 속담은 안전해 보여도 어떤 위험이 있을지 모르니 신중히 행동해야 한다는 뜻이 있어요.

다리와 관련한 속담

개구리 돌다리 건너듯
일손이 꼼꼼하지 못하고 건성건성 하다.

다리 밑에서 욕하기
직접 말하지 못하고 안 보이는 곳에서 욕하다.

문어 제 다리 뜯어먹는 격
저들끼리 헐뜯고 비방하다.

지나가는 이야기

어느 마을에 튼튼한 돌다리가 있었어요. 모두가 아무렇지 않게 돌다리를 건넜지만 소년은 돌을 하나하나 두드리면서 조심조심 건넜답니다. 사람들은 튼튼해 보이는 돌다리를 하나하나 두드리는 소년을 비웃었어요. 그러던 어느 날, 소년이 돌 하나를 툭 치자 풍덩 하고 가라앉아 버렸어요.
"어머낫! 너 아니었으면 누군가 강에 빠질 뻔했네!"
사람들은 소년이 쳐낸 돌이 있던 자리에 더 튼튼한 돌을 메워 넣었답니다.

되로 주고 말로 받는다

남을 건드린 대가로 큰 앙갚음을 당하다.

비슷한 속담 가는 방망이 오는 홍두깨, 한 되 주고 한 섬 받는다.

이, 이게 아닌데~!

언제 쓸까?

나는 한 대 때렸을 뿐인데 친구는 열 대를 때리지 뭐예요? 물론 먼저 때린 사람이 잘못이지만 나보다 더 많이 때리다니 억울하잖아요? 이 속담은 내가 한 행동이 더 큰 손해로 올 때 쓰는 표현이에요.

되와 관련한 속담

꾼 값은 말 닷 되
빌리는 것에는 대가가 따르기 마련이다.

속환(스님이었다가 일반인이 된 사람)이 되 동냥 안 준다
사정을 알고 도와줄 사람이 그렇지 못하다.

지나가는 이야기

'되'와 '말'은 곡식을 재는 단위예요. 한 되는 약 1.8L(리터)로 콜라 큰 병 하나 정도예요. 말은 약 18L로 콜라 큰 병 열 개 정도예요. 되와 말은 무려 열 배나 차이 나네요! 그러니 "되로 주고 말로 받는다."라는 속담은 열 배로 돌려받는다는 거예요. 1000원을 뺏었는데 10000원을 뺏기고 사탕 한 개를 몰래 먹었더니 사탕 열 개를 줘야 하는 그런 상황이지요. 되로 주고 말로 받기는 싫으니 역시 착하게 살아야겠어요.

될성부른 나무는 떡잎부터 알아본다

크게 될 사람은 어렸을 때부터 남다르다.

비슷한 속담 용 될 고기는 모이 철부터 안다, 하나를 보면 열을 안다.

언제 쓰일까?

"될성부르다."는 말은 잘될 가능성이 보인다는 뜻이에요. 잘 자랄 나무는 새싹부터 다르다는 말이지요. 마치 영웅이 어렸을 때부터 범상치 않듯 말이에요.

싹과 관련한 속담

군밤에서 싹 나거든
도저히 가망 없는 조건.

움도 싹도 없다.
장래성이라고는 도무지 없다.

지나가는 이야기

떡잎은 씨앗을 깨고 처음 세상에 나오는 잎사귀예요. 이 잎사귀가 자라면 커다란 나무가 된답니다. 그런데 어떤 식물은 떡잎이 하나고 어떤 식물은 떡잎이 둘이에요. 떡잎이 하나인 식물은 '외떡잎식물'이라고 해요. 외떡잎식물은 옥수수, 백합, 벼 등이 대표적이에요. 떡잎이 둘인 식물은 '쌍떡잎식물'이라고 해요. 쌍떡잎식물은 장미, 무궁화, 민들레 등이 대표적이에요.

등잔 밑이 어둡다

가까이 있는 대상이 먼 곳에 있는 대상보다 알기 어렵다.

한자 성어 등하불명(燈下不明)　**비슷한 속담** 업은 아이 삼 년 찾는다.

여기가 제일 어둡다고? 의외네?

언제 쓰일까?

안경이 안 보여서 한참을 찾았는데 침대 위에 떡하니 있었지 뭐예요? 가장 가까운 곳을 두고 엉뚱한 곳만 찾아다녔다니! 등잔 밑이 어둡다더니 제일 찾기 쉬운 곳에 있었네요.

빛과 관련한 속담

빛은 검어도 속은 희다
겉은 더러워 보여도 속은 깨끗하다.

옥석도 닦아야 빛이 난다
고생하며 노력해야 뜻한 바를 이룰 수 있다.

초록은 제 빛이 좋다
비슷한 사람끼리 어울려야 좋다.

> 지나가는 이야기

등잔은 기름을 담아 등불을 켤 수 있는 그릇이에요. 요즘으로 따지자면 '무드 등'이라고 볼 수 있지요. 무드 등을 켰을 때 제일 어두운 곳은 어디일까요? 바로 무드 등이 있는 책상 아래예요. 무드 등과 가장 가까운 곳이 가장 어둡다니 재미있지 않나요?

떡 줄 사람은 꿈도 안 꾸는데 김칫국부터 마신다

일이 정해지기도 전에 자신이 득을 볼 듯 행동하다.

비슷한 속담 떡방아 소리 듣고 김칫국 찾는다.
앞집 떡 치는 소리 듣고 김칫국부터 마신다.

언제 쓰일까?

친구가 빼빼로데이에 커다란 가방을 들고 왔어요. 빼빼로를 많이 받을 테니 미리 준비했대요. 그런데 겨우 한 개만 받고 말았어요. 김칫국도 이런 김칫국이 없네요.

김칫국과 관련한 속담

김칫국 먹고 수염 쓴다
겉으로만 잘난 체하는 것.

김칫국 채어 먹은 거지 떨듯
혼자만 추워서 덜덜 떨다.

양반 김칫국 떠먹듯
괜히 점잔을 떠는 모습.

지나가는 이야기

이 속담에서 김칫국은 동치미의 국물을 뜻한답니다. 옛날에는 사이다나 콜라 같은 탄산음료가 없었어요. 그래서 떡이나 고구마처럼 퍽퍽한 음식을 먹고 나면 시원한 동치미 국물을 마셨지요. 그런데 떡을 먹을지도 확실치 않은데 김칫국을 먼저 먹는다니 정말 설레발이 따로 없죠? 여기서 '김칫국'은 이루어질 수 없는 일에 기대한다는 단어로 쓰이기도 해요.

똥 묻은 개가 겨 묻은 개 나무란다

큰 잘못을 한 사람이 작은 잘못을 한 사람을 꾸짖다.

한자 성어 책인즉명(責人則明, 남의 탓을 하는 데 밝다)
비슷한 속담 뒷간 기둥이 물방앗간 기둥을 더럽다 한다.

언제 쓸까?

받아쓰기에서 50점을 맞았어요. 그런데 옆에서 친구가 "많이 틀렸다."라며 놀리고 있네요. 친구는 얼마나 잘 봤나 했더니 겨우 하나 맞았잖아요? 이런 어이없는 상황이 오면 꼭 이 속담을 써 주세요!

겨와 관련한 속담

개도 하루에 겨 세 홉 녹은 있다
어떻게 해서든 세끼 밥은 먹게 된다.

목 멘 개 겨 탐하듯
목이 멘 개가 겨를 탐내듯 분수에 겨운 일을 바라다.

지나가는 이야기

'쌀'은 벼의 알갱이예요. 막 수확한 쌀은 껍질 여러 겹에 싸여 있어요. 이 껍질을 완전히 벗겨 내면 하얀 쌀이 된답니다. 혹시 노란 쌀을 본 적 있나요? 이 노란 쌀은 겉껍질만 벗겨 내고 나머지 껍질이 남아 있는 현미예요. 현미는 비타민이나 섬유질이 풍부해 건강에 좋아요. 여기에 수수, 보리, 콩 등을 넣으면 영양이 가득해지지요. 그래서 여러분은 하얀 쌀밥이 좋나요, 노란 현미밥이 좋나요?

뛰는 놈 위에 나는 놈 있다

뛰어난 사람보다 더욱 뛰어난 사람이 있다.

비슷한 속담 나는 놈 위에 타는 놈 있다. 치 위에 치가 있다.

언제 쓰일까?

자동차가 아무리 빠르다고 해도 비행기를 이길 수 있나요? 뛰는 놈 위에 나는 놈 있다더니, 뛰는 자동차 위에 나는 비행기 있네요.

재주와 관련한 속담

재주는 장에 가도 못 산다
재주는 돈으로 살 수 없다.

재주를 다 배우고 나니 눈이 어둡다
애썼으나 헛수고가 되다.

타고난 재주 사람마다 하나씩 있다
누구나 재주는 있어서 먹고살 수 있다.

지나가는 이야기

세상에서 제일 빠른 사나이 우사인 볼트는 38km/h(킬로미터 퍼 아워)로 달릴 수 있어요. 하지만 이런 우사인 볼트도 가장 빠른 육상 동물인 치타보다는 못하답니다. 치타의 속력은 네 배나 빠른 112km/h거든요. 그렇다면 하늘을 나는 새는 얼마나 빠를까요? 바다 위를 나는 갈매기는 150km/h로 날 수 있어요. 독수리는 160km/h, 군함조는 무려 400km/h로 날 수 있지요. 세상에! 정말 뛰는 놈 위에 나는 놈 있었네요.

마른하늘에 날벼락

예상치 못한 봉변을 당하다.

한자 성어 청천벽력(靑天霹靂) 비슷한 속담 새벽 봉창 두들기다.

갑자기 웬 날벼락이람?

언제 쓰일까?

갑자기 화재경보기가 울렸어요! "마른하늘에 이게 웬 날벼락인가!" 하고 서둘러 피했는데 알고 보니 잘못 울린 경보였어요. 휴, 정말 다행이에요.

하늘과 관련한 속담

땅에서 솟았나 하늘에서 떨어졌나
전혀 기대하지 않던 것이 갑자기 나타나다.

바늘구멍으로 하늘 보기
전체를 보지 못해 생각이나 시야가 좁다.

하늘은 스스로 돕는 자를 돕는다
스스로 노력하는 사람은 성공하기 마련이다

지나가는 이야기

맑은 하늘에 갑자기 벼락이라니! 너무 무섭네요. 여러분은 번개, 벼락, 천둥이 어떻게 다른지 아시나요? 이 셋의 차이는 다음과 같아요.

이름	번개	벼락	천둥
뜻	먹구름 사이에서 빠르게 번쩍였다 사라지는 불빛. • 예: 하늘에서는 하루에도 수백만 개의 번개가 친다.	땅까지 내려와서 사물이나 사람을 친 것. • 예 : 벼락을 맞은 나무가 활활 불타기 시작했다.	번개나 벼락이 치고 들리는 '우르르 쾅쾅' 소리. • 예 : 천둥이 울리자 귀를 막았다.

말 한마디로 천 냥 빚을 갚는다

좋은 말 한마디면 불가능해 보이는 일도 이룰 수 있다.

비슷한 속담 말 잘하고 징역 가랴.

언제 쓰일까?

천 냥은 지금으로 따지면 6000만 원이 넘는 어마어마한 돈이에요. 이런 큰 빚을 말 한마디로 없앨 수 있다니. 그만큼 말이 가진 힘이 크다는 뜻이지요.

말(言)과 관련한 속담

말이 말을 만든다
사람들을 거치는 동안 내용이 보태져 변한다.

어린아이 말도 귀담아들어라
남이 하는 말을 잘 들어야 함을 비유한 속담.

입찬말은 묘 앞에 가서 하여라
쓸데없는 장담은 하지 말아야 한다.

> **지나가는 이야기**

거란의 장수 소손녕이 수많은 군사를 몰고 고려에 쳐들어왔어요. 항복하자는 고려의 신하들 가운데 지혜로운 서희가 나서서 소손녕을 찾아갔어요. 소손녕은 이렇게 말했어요.
"고려는 신라를 계승한 나라인데 어찌 고구려의 땅을 차지하였소? 우리는 이 땅을 차지하고자 왔소."
"고려야말로 고구려를 계승한 나라이니 우리의 땅이 맞소. 오히려 거란이 빼앗은 옛 고구려의 땅 강동 6주야말로 돌려주어야 하지 않겠소?"
소손녕은 서희의 말에 대꾸하지 못했어요. 거란은 강동 6주를 고려에게 넘겨주고 물러났어요. 서희는 말 한마디로 전쟁을 잠재우고 땅까지 얻어 냈답니다.

말이 씨가 된다

별 뜻 없이 말한 일이 실제로 일어나다.

한자 성어 농가성진(弄假成眞, 장난삼아 한 것이 진심으로 한 것처럼 되다)

언제 쓰일까?

"이러다가 고장 나는 거 아냐?" 그냥 한 말인데 진짜로 고장 나 버렸지 뭐예요? 이 속담은 그냥 내뱉은 말이 실제로 일어났을 때 쓸 수 있는 표현이에요.

씨와 관련한 속담

씨가 따로 있나
높은 자리에 오르는 것은 가문이나 혈통이 아니라 능력에 따른다.

씨는 속일 수 없다
집안 내력은 숨길 수 없다.

씨 뿌린 자는 거둬야 한다
일을 벌였으면 책임지고 마무리해야 한다.

지나가는 이야기

'설마 그렇게 되겠어?'라고 생각했던 일이 정말로 일어난 적이 있나요? 소풍날에 비가 오고 늦잠 잔 날에 버스를 놓치는 것처럼요. 그런데 꼭 부정적인 말만 현실로 이루어지는 것은 아니에요. 긍정적인 말도 이루어진답니다. 날마다 아침에 거울을 보며 "나는 정말 똑똑해!", "나는 참 친절해."라고 말해 보세요. 그럼 진짜로 그렇게 될 테니까요. 거짓말 아니냐고요? 그래도 밑져야 본전이니 한번 해 보세요.

물에 빠진 놈 건져 놓으니 보따리 내놓으라 한다

도움을 받고 고마워하기는커녕 트집을 잡는다.

비슷한 속담 물에 빠진 놈 건져 놓으니까 봇짐 내라 한다, 은혜를 원수로 갚는다.

언제 쓸까?

게임을 할 시간을 아껴 친구의 숙제를 도와줬어요. 그런데 문제가 틀렸다면서 씩씩대며 화를 내지 뭐예요? 물에 빠진 놈 건져 놓으니 보따리 내놓으라 하네요.

봇짐과 관련한 속담

봇짐 내어 주며 앉아라 한다
속으로는 가기 바라면서 겉으로는 말리는 체하다.

화적 봇짐 털어 먹는다
도둑질한 물건을 다시 빼앗는다.

지나가는 이야기

돌쇠가 개울을 건너고 있었는데 건너편에서 다리를 다친 나그네가 건너편으로 데려다 달라며 소리쳤어요. 갈 길이 급했지만 돌쇠는 나그네를 업고 개울가를 건넜어요. 건너는 중에 나그네는 물이 튄다, 넘어질 뻔하지 않았냐며 불만을 늘어놓았어요. 건너편에 도착한 돌쇠가 땅에 나그네를 내려놓자 그가 이렇게 말하지 않겠어요?
"내 짐에 얼마나 비싼 것이 들었는데! 업어 준 자네 탓이니 당장 내 짐을 찾아오게."
돌쇠는 얼굴이 빨개진 채로 어찌 그리 뻔뻔하냐며 소리치고는 떠나 버렸답니다.

미꾸라지 한 마리가 온 웅덩이를 흐린다

한 사람이 무리의 분위기를 흐리다.

한자 성어 일어탁수(一魚濁水)   비슷한 속담 어물전 망신은 꼴뚜기가 시킨다.

언제 쓰일까?

수업 시간에 계속 떠드는 한 명 때문에 반 친구들이 불편해해요. 심지어 그 모습을 본 다른 친구들도 처음에는 조용히 수업을 듣고 싶어 하더니 하나둘 떠들고 있어요. 이 속담은 분위기를 흐리는 사람을 비유할 때 쓰여요.

미꾸라지와 관련한 속담

미꾸라지 볼가심하듯
미꾸라지가 입을 헹굴 정도로 작은 양.

미꾸라지 용 됐다
보잘것없는 사람이 크게 잘되었음을 비유하다.

미꾸라지 천 년에 용 된다
한 일을 오랫동안 갈고 닦으면 경지에 도달할 수 있다.

지나가는 이야기

맑은 웅덩이에서 물고기들이 평화롭게 살고 있었어요. 어느 날 옆 웅덩이에서 미꾸라지 한 마리가 넘어왔어요. 모두 미꾸라지를 반갑게 맞이했지요. 그런데 미꾸라지가 몸을 이리저리 비틀지 뭐예요? 바닥에서 흙이 일어나며 깨끗한 웅덩이는 순식간에 흙탕물로 바뀌었어요. 물고기들이 쿨럭이며 무슨 짓이냐고 소리치자 미꾸라지는 웃으면서 말했어요.
"낄낄낄. 이제 또 어떤 웅덩이에 가서 물고기들을 골려 주려나?"

미운 놈 떡 하나 더 준다

미운 사람일수록 잘 대하는 척해 갈등을 만들지 않는다.

비슷한 속담 미운 사람에게는 쫓아가 인사한다. 미운 쥐도 품에 품는다.

으, 이걸 확 그냥!

언제 쓰일까?

여러분은 이 속담을 이해하나요? 왜 미운 놈에게 떡을 줄까요? 사실 좋아서 준다기보다 "에휴, 그냥 이거 하나 더 줘 버리고 말지. 괜히 안 줬다가는 짜증 낼 것 같으니까."와 같은 뜻이 담긴 표현이라고 봐야 해요.

미운 놈과 관련한 속담

미운 놈 보려면 술장수 하라
술장사를 하면 주정하는 미운 사람을 많이 본다.

미운 놈이 도리질한다.
미운 놈이 하는 짓은 다 밉게만 보인다.

지나가는 이야기

어떤 마을의 장난꾸러기는 시장에 갈 때마다 상인들에게 장난을 쳤어요. "파는 물건을 어지르면 어떡해!" "파는 사과들에 이빨 자국을 낸 거 너지?" 시장 사람들은 장난꾸러기를 흉보며 좋아하지 않았어요. 어느 날, 장난꾸러기가 시장의 끝에 있는 할머니의 떡집으로 향했어요. 그런데 장난꾸러기는 장난을 조금도 치지 않고 떡집을 나오지 않겠어요? 상인들은 할머니를 찾아가 어떻게 했느냐고 물었어요. 그러자 할머니는 이렇게 말했답니다.
"떡 하나 더 줬지! 저도 염치는 있는지 잘해 주는 사람한테 장난치지는 않더만!"

믿는 도끼에 발등 찍힌다

믿었던 사람에게 배신을 당하다.

한자 성어 지부작족(知斧斫足) 비슷한 속담 믿던 발에 돌 찍힌다.

언제 쓰일까?

믿었던 사람에게 배신당했을 때 쓰는 속담이에요. 배신당하면 그만큼 마음이 아프다는 것이지요.

도끼와 관련한 속담

도끼가 제 자루 못 찍는다
자기 허물은 스스로 고치기 어렵다.

도끼를 베고 잤나
밤잠을 편히 못 자고 너무 일찍 일어나다.

얻은 도끼나 잃은 도끼나
잃은 물건이나 새로 얻은 물건이나 똑같다.

지나가는 이야기

아저씨와 소년이 함께 장작을 패고 있었어요. 경력이 오래된 아저씨가 도끼를 잡고 햇병아리 소년은 팰 장작을 올렸어요. 거침없이 장작을 패는 아저씨를 보던 소년은 생각했어요.
'와, 멋있다. 나도 아저씨처럼 어떤 장작이든 팰 수 있는 사람이 돼야지!'
그런데 아저씨의 손에서 도끼가 사라졌지 뭐예요? 장작을 너무 열심히 팬 나머지 손에 땀이 가득 차서 미끄러진 모양이에요. 사라진 도끼는 옆에 있던 소년의 발등에 찍혔답니다.
"으악, 내 발등!"

밑 빠진 독에 물 붓기

허투루 돌아가 소용없는 일.

한자 성어 한강투석(漢江投石, 한강에 돌을 아무리 던져도 메울 수 없다)
비슷한 속담 모래로 둑을 쌓다

부어도 부어도 빠져 버려.

언제 쓸까?

돈을 함부로 쓰는 아이에게 저축하라고 돈을 준다면 무슨 소용일까요? 어차피 다 써 버리고 말 텐데요. 이 속담은 이렇게 잘못되어 고치려 해도 소용없는 상황을 비유해요.

밑과 관련한 속담

다리 밑에서 욕하기
직접 말하지 못하고 잘 안 들리는 곳에서 욕하다.

손톱 밑의 가시
마음에 꺼림칙하게 걸리는 일.

횃대 밑 사내
밖에서는 꼼짝 못 하고 집에서는 큰소리치는 사람.

> **지나가는 이야기**

어떤 마을에 마음씨 좋은 콩쥐가 살았어요. 착한 콩쥐와 달리 콩쥐의 새엄마는 성격이 아주 나빴어요. 마을에 잔치가 열리던 어느 날, 새엄마는 잔치에 가고 싶어 하는 콩쥐에게 심술을 부렸어요. 콩쥐가 잔치에 못 가도록 밑 빠진 독에 물을 채우라는 일을 하게 했거든요. 콩쥐에게 일을 시킨 새엄마는 잔치를 즐기러 떠났고요. 아무리 물을 채워도 독이 차지 않자 콩쥐는 슬피 울었어요. 그때 두꺼비가 나타나 몸으로 독의 구멍을 막아 줬어요. 그렇게 콩쥐는 물을 가득 채우고 잔치에 갈 수 있었답니다.

바늘 가는 데 실 간다

항상 붙어 다니는 절친한 사이.

`한자 성어` 수사지주(隨絲蜘蛛, 줄 따르는 거미처럼 헤어져서 다닐 수 없는 사람)
`비슷한 속담` 구름 갈 제 비가 간다. 봉 가는 데 황 간다.

우리는 한 세트!

언제 쓰일까?

밥도 같이 먹고 노래방도 같이 가고 놀이터도 같이 가는 친구가 있나요? 이 속담은 바늘이 있으면 실이 따라오듯 언제나 함께 함을 비유하는 표현이에요.

바늘과 관련한 속담

감자밭에서 바늘 찾는다
아무리 애써도 찾을 수 없다.

바늘 끝에 알을 올려놓지 못한다
쉬워 보이지만 실제로는 어렵다.

집 태우고 바늘 줍는다
큰 것을 잃고 난 뒤 작은 것을 아끼려고 하다.

지나가는 이야기

여러분이 입는 옷은 어디에서 왔을까요? 옷 공장에서 만들어져 나왔어요. 오늘날에는 공장의 기계가 옷을 만들지만 조선 시대까지만 해도 옷을 사람이 직접 만들어 입어야 했답니다. 당시의 옷은 여인들이 만들었어요. 그래서 자수를 아름답게 놓는 것은 여성의 중요한 덕목이었죠. 이러니 바늘과 실은 아주 중요한 물건이었답니다. 얼마나 애틋하고 중히 여겼는지 부러진 바늘을 보고 슬퍼하며 쓴 수필 <조침문>이 있을 정도라니까요.

바늘 도둑이 소도둑 된다

작은 잘못이 익숙해지면 큰 잘못을 하게 된다.

`한자 성어` 침도도우(針盜盜牛)　`비슷한 속담` 바늘 상자에서 도둑 난다.

바늘을 훔쳤는데 어느새 소까지 훔치네.

언제 쓰일까?

바늘은 작아 훔치기 쉬워요. 처음에는 작은 바늘을 훔쳤더라도 점점 대범해지면 소만 한 물건까지 훔치게 돼요. 바늘 도둑이 소도둑 되면 그만큼 잡히기도 쉽겠지요? 꼬리가 길면 밟히니까요.

도둑과 관련한 속담

도둑놈 문 열어 준 셈
믿을 수 없는 사람에게 일을 맡기는 어리석음.

도둑이 들려면 개도 안 짖는다
운이 나쁘면 모두 제대로 되지 않는다.

도둑이 없으면 법도 쓸데없다
도둑질이 제일 나쁘다.

지나가는 이야기

남의 물건을 훔치거나 빼앗는 사람이 '도둑'이에요. 그리고 도둑들이 훔친 물건들을 맡아서 처리하는 사람을 '장물아비'라고 해요. 그런데 방송이나 전래 동화에서 보는 도둑은 보자기 등으로 얼굴을 가리거나 자루를 든 모습으로 그려져요. 도둑을 왜 이렇게 묘사할까요? 옛날 일본에서는 집에 집안 문양 등이 새겨진 보자기가 있었어요. 빈손으로 집에 몰래 들어온 도둑은 그 집에서 훔친 보자기에 물건을 넣어 들고 나왔어요. 여기에서 여러분이 아는 보자기로 얼굴을 가리거나 자루를 든 도둑의 모습이 나왔다고 해요.

바늘로 찔러도 피 한 방울 안 난다

감정이 없거나 빈틈없이 야무진 사람.

비슷한 속담 앉은 자리에 풀도 안 나겠다.

언제 쓰일까?
너무 철두철미하거나 이성적인 사람을 보면 로봇 같다고 해요. 바늘로 찔러도 피 한 방울 나오지 않을 것 같다는 속담도 같은 뜻이에요. 여기에는 냉정하다는 뜻도 있어요.

피와 관련한 속담
남의 눈에서 피 내리면 내 눈에서 고름이 나야 한다
남에게 나쁜 짓을 하면 자신은 더한 벌을 받는다.

모기 다리에서 피 뺀다
어려운 처지에 있는 사람에게서 금품을 뜯어내다.

피는 물보다 진하다
혈육의 정이 깊다.

지나가는 이야기

몸속에는 따뜻한 피가 흘러요. 그래서 바늘로 찔러도 피 한 방울 안 나온다는 건 따스함이 없어 보인다는 뜻이지요. 그런데 피는 왜 따뜻할까요? 뇌가 피를 따뜻하게끔 유지해 주기 때문이에요. 피가 뜨거워지면 식히고 차가워지면 데워 줘요. 그래서 우리 몸은 항상 36℃(도)에서 37℃ 사이를 유지한답니다. 다만 몸에서 나쁜 세균이나 바이러스와 싸울 때면 몸의 온도가 올라가요. 하지만 체온이 지나치게 높아지면 위험한 상황일 수 있으니 바로 병원에 가야 해요.

발 없는 말이 천 리 간다

소문은 아주 잘 퍼진다.

한자 성어 언비천리(言飛千里)
비슷한 속담 소더러 한 말은 안 나도 처더러 한 말은 난다.

언제 쓸까?

한 친구에게 비밀을 말했더니 반모두가 알아 버렸어요! 소문에 발도 안 달렸는데 이렇게 빨리 퍼지다니 정말 믿을 수 없는 일이에요.

소문과 관련한 속담

남의 말도 석 달
소문은 시간이 지나면 흐지부지되기 마련이다.

소문난 잔치에 먹을 것 없다
소문보다 못 하거나 소문과 맞지 않다.

한 입 건너고 두 입 건넌다
소문이 점점 퍼져 가다.

지나가는 이야기

귀가 당나귀처럼 아주 긴 임금이 있었어요. 임금은 긴 모자를 써서 귀를 숨겼어요. 모자를 만드는 장인을 빼면 누구도 임금의 당나귀 귀를 몰랐어요. 어디에도 비밀을 말하지 못해 입이 간지러웠던 장인은 날마다 대나무 숲에 들어가 "임금님 귀는 당나귀 귀!" 하고 외쳤답니다.

어느 날, 한 남자가 대나무 숲을 걷고 있었는데 "임금님 귀는 당나귀 귀!"라는 이상한 소리를 들었어요. 남자는 마을에 달려가 사람들에게 들은 것을 알렸지요. 결국 소문이 퍼져 온 나라 백성이 임금님 귀가 당나귀 귀라는 사실을 알았답니다.

방귀 뀐 놈이 성낸다

잘못한 사람이 괜히 화를 내다.

한자 성어 **적반하장(賊反荷杖)** 비슷한 속담 **똥 싸고 성낸다.**

언제 쓰일까?

친구가 엘리베이터에서 방귀를 뀌더니 갑자기 혼자 화를 내지 않겠어요? 괜히 들킬까 봐 먼저 화내다니 웃기는 친구예요.

방귀와 관련한 속담

방귀 자라 똥 된다
대단하지 않게 시작한 일이 정도가 심해지면 말썽거리가 된다.

방귀가 잦으면 똥 싸기 쉽다
소문이 잦으면 그 일이 실제로 이루어지기 쉽다.

소리 요란한 방귀가 냄새 없다
소문만 요란하고 실상은 별것 없다.

> **지나가는 이야기**

우리는 왜 방귀를 뀔까요? 우리가 먹은 음식은 위나 소장에서 소화가 돼요. 그런데 소화한 다음에는 찌꺼기가 남지요. 이 찌꺼기가 똥이 된답니다. 똥이 만들어지는 곳이 대장이에요. 대장에는 많은 미생물이 살고 있어요. 대장의 미생물이 음식물 찌꺼기를 분해해서 똥으로 만든답니다. 그런데 이 과정에서 가스가 생겨요. 이 가스가 음식물을 먹을 때 함께 들어온 공기와 합쳐지면 방귀가 된답니다. 방귀가 항문으로 빠져나올 때 근육과 피부가 흔들리면 '뿌웅' 소리가 나는 것이지요.

배보다 배꼽이 더 크다

기본보다 덧붙이는 것이 더 크다.

한자 성어 주객전도(主客顚倒)
비슷한 속담 바늘보다 실이 굵다, 발보다 발가락이 더 크다.

언제 쓸까?

뽑힐 듯 말 듯 인형 뽑기에 계속 돈을 넣었더니 어느새 2만 원이 넘었어요. 가만히 보니 그 인형은 만 원이잖아요? 이 속담은 작은 것을 이루려고 큰 것을 잃을 때 쓸 수 있는 표현이에요.

배와 관련한 속담

배가 남산만 하다
임산부의 배 부름을 비유하거나 거만하고 떵떵거림을 놀리는 비유.

배만 부르면 제 세상인 줄 안다
먹기만 하면 아무 걱정을 모른다.

배에 발기름이 꼈다
없이 지내던 사람이 넉넉해져 떵떵거리다.

지나가는 이야기

어느 날, 아들이 엄마한테 말했어요.
"엄마, 저금통 하나만 사도 돼요?"
엄마는 저금하려는 아들이 기특했어요. 그래서 원하는 저금통을 사라고 허락해 주셨지요. 아들은 신이 나 저금통을 사서 방에 두었어요. 그런데 아들의 방에 들어온 엄마는 깜짝 놀랐답니다. 저금통이 아니라 오락실 게임기가 있었거든요. 아들은 실실 웃으며 엄마에게 말했어요.
"여기 동전 넣는 곳 있잖아요. 이건 아주 큰 저금통인데, 게임이 될 뿐이에요."

백지장도 맞들면 낫다

사소한 일이라도 힘을 모으면 더욱 수월하다.

한자 성어 독장난명(獨掌難鳴, 한쪽 손바닥만으로는 소리가 안 난다)
비슷한 속담 모기도 모이면 천둥 소리 난다, 종이도 네 귀를 들어야 바르다.

혼자보다 여럿이 좋지!

언제 쓸까?

백지장은 흰 종이 한 장을 뜻해요. 종이 한 장이라도 함께 들면 낫다는 뜻이지요. 아무리 작은 일이라도 여럿이 하면 힘도 덜 들고 좋은 법이니까요.

종이와 관련한 속담

백지장에 물 한 방울 떨어지듯
사소하지만 흔적이 남을 때.

흰 것은 종이요, 검은 것은 글씨라
무식해 글을 알아보지 못하다.

지나가는 이야기

백지장은 여러분이 알고 있는 종이와 조금 달라요. 문이나 벽에 바르는 아주 큰 한지랍니다. 한지는 옛날 조상들이 쓰던 종이예요. 우리가 주로 쓰는 A4 용지보다 더욱 부드러운 종이이지요.

백지장을 벽에 붙이려면 풀을 발라야 해요. 커다란 백지장을 혼자 붙인다면 축축 늘어져 벽에 붙이기 어려울 거예요. 마치 커다란 스마트폰 보호 필름을 붙이는 느낌이랄까요? 이런 일을 여러 사람이 함께하면 더욱 쉬워진답니다. 한두 사람이 잡고 다른 사람이 붙이면 되니까요.

뱁새가 황새 따라가다 다리 찢어진다

분수에 맞지 않게 남을 따라 하다 손해를 보다.

한자 성어 작학관보(雀學鸛步, 참새가 황새 걸음을 배우다)
비슷한 속담 기지도 못하면서 뛰려 한다, 촉새가 황새를 따라가다 가랑이 찢어진다.

언제 쓸일까?
처음 하는 게임에서 가장 어려운 단계를 도전했어요. 결과는 당연히 실패였지요. 이 속담은 자신의 실력이나 분수에 맞지 않게 행동하다가 낭패를 봤을 때 쓸 수 있는 표현이에요.

뱁새와 황새 관련한 속담

뱁새가 수리를 낳는다
못난 부모에게서 훌륭한 자식이 나오다.

뱁새는 작아도 알만 잘 낳는다
몸이 작아도 훌륭한 일을 하는 사람.

황새 논두렁 넘겨 보듯
목을 길게 빼서 무엇을 엿보다.

지나가는 이야기

짧은 다리와 작은 몸 때문에 뱁새는 친구들에게 놀림을 당하곤 했어요. 뱁새는 자신의 짧은 다리가 싫었어요. 긴 다리를 가진 황새처럼 다리를 쭉 뻗어 보았지만 다리는 그대로였지요. 뱁새는 주저앉아 엉엉 울었어요. 뱁새가 우는 소리를 들은 황새가 다가왔어요.
"작고 귀여운 뱁새야. 왜 그래?"
"나도 너처럼 긴 다리를 가지고 싶어."
"나는 뱁새 너처럼 되고 싶은걸? 다들 나를 '멀대'라고 놀리거든. 나도 작고 귀여운 다리를 가졌으면 좋겠어."

번갯불에 콩 볶아 먹듯이

아주 빠르게 행동을 마치다.

비슷한 속담 번갯불에 담배 붙이겠다. 비 틈으로 빠져나가겠다.

언제 쓰일까?

빨리빨리! 한국인이 많이 쓰는 말이지요? 이 속담은 이런 성격과 아주 잘 맞는 표현이에요. 눈 깜짝할 사이에 뚝딱, 해 버린다는 뜻이거든요.

콩과 관련한 속담

볶은 콩에 싹이 날까
불에 볶은 콩은 싹이 나지 않으니 가망이 없다.

콩을 팥이라고 우긴다
억지스럽게 고집을 부리다.

팥을 콩이라 해도 곧이듣는다
남의 말을 무조건 믿는 사람을 비유하는 속담.

> **지나가는 이야기**

번개는 아주 빠르게 나타났다가 사라져요. 그러니 번갯불에 콩을 댄다면 눈 깜짝할 새에 볶일 거예요. 하지만 정말 볶을 생각은 하지 마세요. 번개는 아주 위험하니까요.

번개에는 한 번 치면 한 시간 동안 전구 10만 개를 켤 수 있을 만큼 강한 에너지가 있어요. 번개가 친 곳은 27000℃까지 온도가 올라간다고 하니 정말 위험하지요? 그러니 이런 무시무시한 번개가 칠 때는 낮은 지대나 건물 안으로 들어가야 해요. 특히 나무 근처에 있으면 위험하니 멀리 떨어져야 한답니다.

벼는 익을수록 고개를 숙인다

능력이 뛰어난 사람일수록 그에 맞는 겸손함을 갖추고 있다.

한자 성어 저수하심(低首下心, 머리를 낮추고 마음을 아래로 향하게 하다)
비슷한 속담 곡식 이삭은 익을수록 고개를 숙인다. 물이 깊을수록 소리가 없다.

어이구, 고개야.

언제 쓰일까?

세상에서 제일가는 실력자라도 기고만장하다면 아무도 존경하지 않을 거예요. 실력 있는 사람은 그만한 겸손함을 갖춰야 한다는 뜻의 속담이에요.

벼와 관련한 속담

일 년 시집살이 못하는 사람 없고 벼 한 섬 못 베는 사람 없다
아무리 힘든 고난도 짧은 시간은 견딜 수 있다.

자식은 내 자식이 커 보이고 벼는 남의 벼가 커 보인다
자기 자식이 잘나 보여도 재물은 남의 것이 더 좋아 보인다.

지나가는 이야기

벼를 수확해 껍질을 벗겼는데 쌀은 온데간데없고 비어 있다면 얼마나 어이없을까요? 그런데 이런 경우가 정말 있답니다. 이렇게 껍질만 있고 비어 있는 곡식을 '쭉정이'라고 불러요.

쭉정이는 벼가 병에 걸리거나 영양분을 충분히 받지 못했을 때 생겨요. 날씨가 좋지 않아도 생길 수 있어요. 재미있는 점은 쭉정이도 고개를 숙인다는 거예요. 벼는 익을수록 고개를 숙인다고 했는데 열매도 없는 쭉정이는 왜 고개를 숙일까요? 사람 헷갈리게 말이에요.

벼룩의 간을 내어 먹는다

가난한 사람의 작은 재산마저 빼앗아 간다.

한자 성어 조장출식(蚤腸出食) **비슷한 속담** 참새 앞정강이를 긁어 먹는다.

언제 쓰일까?

벼룩은 아주 작아요. 그렇다면 벼룩의 간은 더더욱 작겠지요? 이 속담은 작은 벼룩의 간을 빼먹는 것처럼 안 그래도 형편이 안 좋은 사람의 물건을 빼앗는 행동을 뜻하는 표현이에요.

벼룩과 관련한 속담

개털에 벼룩 끼듯
좁은 곳에 우글우글 몰려 있다.

뛰어야 벼룩
발버둥 쳐도 소용없다.

말에 실었던 짐을 벼룩 등에 실을까
도저히 할 수 없는 일.

지나가는 이야기

어떤 마을에 성격이 고약한 원님이 살았어요. 수도 없이 세금을 거둬 백성들의 고생이 심했지요. 어느 날, 원님은 마을에서 제일 가난한 박씨를 찾아갔어요.
"집에 남은 거라곤 이 장독대밖에 없습니다. 돈이 정말 없어요."
원님은 박씨의 애원에도 장독대를 빼앗아 갔어요. 그날 이후 원님은 문지방에 걸려 넘어지고 말을 타다 떨어지고 누군가가 무심코 던진 돌에 맞기 일쑤였어요. 놀랍게도 그 장독대는 저주받은 장독대였어요. 박씨가 가난한 이유도 저주받은 장독대 때문이었지요. 박씨는 원님이 장독대를 가져간 덕분에 지긋지긋한 저주에서 벗어나 부자가 되었답니다.

병 주고 약 준다

손해를 끼친 뒤 도움을 주다.

비슷한 속담 등 치고 배 만진다.

애초에 병을 주지 말던가!

언제 쓰일까?

친구가 장난으로 나뭇가지를 휘둘렀는데 상처가 났어요. 놀란 친구가 서둘러 보건실에서 약을 받아 와 발라 줬지요. 처음부터 장난을 치지 말지! 정말 병 주고 약 주네요.

약(藥)과 관련한 속담

꿀도 약이라면 쓰다
좋은 말이라도 충고라면 듣기 싫다.

바보는 약으로 못 고친다
날 때부터 어리석은 사람은 어쩔 수 없다.

입에 쓴 약이 병에는 좋다
비판은 듣기 힘들지만 자신을 성장시킬 수 있다.

지나가는 이야기

놀부의 귀에 다리 다친 제비를 치료해 주고 금은보화를 받았다는 흥부의 소문이 들려왔어요. 배가 아파 뒹굴던 놀부에게 문득 좋은 생각이 떠올랐어요. 놀부는 멀쩡한 제비를 붙잡아 다리를 부러트리고는 성심성의껏 치료해 줬지요. 다리가 나은 제비가 날아가자 놀부는 금은보화를 잊지 말라며 소리쳤어요. 며칠 뒤, 놀부의 집에 박씨가 떨어졌어요. 신이 나 박씨를 심은 뒤 열린 박을 열어 본 놀부는 크게 혼쭐이 났답니다. 박에서 금은보화는커녕 도깨비가 나왔거든요.

비 온 뒤에 땅이 굳어진다

시련을 겪고 난 뒤에 성장하다.

한자 성어 우후지실(雨後地實)   비슷한 속담 옥도 갈아야 빛이 난다.

언제 쓰일까?
어려운 수학 문제는 풀기 힘들지만 그만큼 많은 것을 배울 수 있어요. 비 온 뒤에 땅이 굳어지듯, 어려운 문제를 마주한 뒤에 개념이 단단해지니까요.

땅과 관련한 속담
다 팔아도 내 땅
모두 자기 이익이 되다.

땅 짚고 헤엄치기
아주 쉬운 일.

땅에서 솟았나 하늘에서 떨어졌나
기대하지 않던 것이 갑자기 나타나다.

지나가는 이야기

비가 오면 땅 밖으로 나온 지렁이를 볼 수 있어요. 지렁이는 왜 땅으로 나온 걸까요? 지렁이는 피부로 숨을 쉬어요. 그런데 비가 오면 땅 속에 공기가 스며들면서 숨을 쉬기가 힘들어진답니다. 몸이 크면 클수록 호흡이 힘들다고 해요. 그래서 작은 지렁이들보다 큰 지렁이들이 더 많이 나오는 거예요. 여러분이 벌레를 무서워하지 않는다면 길 위에 있는 지렁이를 화단으로 옮겨 주세요. 잘못하면 밟힐 수도 있고 햇빛이 나오면 말라 죽을 수도 있으니까요.

빈 수레가 요란하다

아는 게 없는 사람일수록 괜히 아는 척하며 허세를 부린다.

한자 성어 허장성세(虛張聲勢, 실속 없으면서 큰소리치다)
비슷한 속담 냉수 먹고 이 쑤시기, 속 빈 강정.

언제 쓰일까?

요리를 아주 잘한다고 큰소리치던 친구가 알고 보니 라면밖에 못 끓이지 뭐예요? 할 줄도 모르면서 괜히 허세는. 역시 빈 수레가 요란하네요.

수레와 관련한 속담

귀천궁달(귀함과 천함, 곤궁함과 영달함)이 수레바퀴다
운이 나쁠 수도 있고 좋을 수도 있어 세상사는 돌고 돈다.

버마재비가 수레를 버티는 셈
제 힘에 부치는 대상에게 맞서는 무모한 짓.

> **지나가는 이야기**

빈 수레가 요란한 데에는 과학적인 이유가 있어요. 기타를 보면 가운데가 뻥 뚫려 있고 안은 비어 있지요? 이 빈 곳이 소리를 울리게 해 준답니다. 멀리서도 기타 소리를 들을 수 있게 말이에요. 하지만 이런 빈 곳이 없는 전자 기타는 울리지 않아 소리가 아주 작아요. 그래서 기타와 스피커를 선으로 연결해야 소리가 잘 들려요. 이처럼 수레도 물건이 없어 공간이 넓다면 소리가 잘 울리고 물건이 꽉 차 있다면 소리가 덜 울린답니다.

빛 좋은 개살구

겉은 그럴듯하나 실속이 없다.

`한자 성어` 유명무실(有名無實, 이름만 그럴듯하다)
`비슷한 속담` 명주 바지에 똥싸개, 허울 좋은 하눌타리(덩굴풀).

언제 쓰일까?

아무리 외모가 빼어나도 남을 괴롭히는 사람은 매력적으로 보이지 않아요. 이 속담은 겉모습은 뛰어나지만 그 속은 나쁠 때 쓸 수 있는 표현이에요. 사람과 사물에 모두 쓸 수 있어요.

개살구와 관련한 속담

개살구도 맛 들일 탓
정을 붙이면 나빠 보이던 것도 좋아진다.

지레 터진 개살구
잘난 체하며 뽐내거나 남보다 먼저 나서다.

지나가는 이야기

살구는 살구나무에서 열리는 열매예요. 탁구공 크기의 복숭아처럼 생겼답니다. 새콤달콤해서 아주 맛있어요. 이 살구와 비슷한 열매가 바로 개살구예요. 개살구는 살구보다 시고 떫어서 먹으면 맛이 없어요. 그래서 청이나 즙으로 만들어야 겨우 먹을 만해요. 대신 모양만큼은 아주 예뻐서 관상용으로 많이 심는답니다.

뿌린 대로 거둔다

행동에 맞는 대가를 받기 마련이다.

한자 성어 자업자득(自業自得)
비슷한 속담 콩 심은 데 콩 나고 팥 심은 데 팥 난다.

언제 쓰일까?

골고루 잘 먹으면 키가 쑥쑥 크고 몸도 튼튼해질 거예요. 반대로 편식한다면 키도 크지 않고 건강도 나빠지겠지요. 이 속담은 행동에 따른 결과를 맞이할 때 쓸 수 있어요.

행실과 관련한 속담

그 아버지에 그 아들
아들이 아버지의 행동을 쏙 닮다.

삼정승을 사귀지 말고 내 한 몸을 조심하라
권력자의 도움에 욕심 두지 않고 바른 행실에 힘써야 한다.

> **지나가는 이야기**

심술궂은 호랑이는 날마다 동물들을 괴롭혔어요.
"사슴! 얼른 가서 맛있는 과일을 구해 와."
"토끼! 재미있는 이야기 좀 해 봐. 재미없으면 잡아먹는다?"
어느 날, 호랑이가 산속을 어슬렁거리다 사냥꾼이 파 놓은 구덩이에 빠져 버렸어요. 호랑이는 구해 달라며 크게 소리쳤답니다. 동물 친구들은 비명을 듣고 구덩이로 달려왔어요. 하지만 구해 주기는커녕 낄낄대며 호랑이를 놀렸어요.
"평소에 그렇게 못되게 굴더니. 천벌 받았네!"

사공이 많으면 배가 산으로 간다

의견을 내는 사람이 많으면 이상한 방향으로 빠진다.

한자 성어 중구난방(眾口難防) **비슷한 속담** 한집에 감투쟁이 셋이 변(變).

사공은 배를 운전하는 사람이야.

언제 쓰일까?

여러 사람이 이것저것 마구 의견을 내다가 말도 안 되는 결과가 나올 때가 있어요. 이 속담은 이런 비유하는 표현이랍니다.

산과 관련한 속담

사람과 산은 멀리서 보는 게 낫다
사귀어 가까울 때는 결점이 보여 실망한다.

산에서 물고기 잡기
할 수 없는 일을 하는 어리석음.

산이 높아야 골이 깊다
품은 뜻이 높고 커야 꿈과 생각이 크다.

블루
우리 무슨 인형 만들까? 색은 초록색으로 하자.

바바
코는 코끼리처럼 길게 하자!

몽스
독수리처럼 멋있는 날개를 달면 어때?

래비
귀여운 포인트로 토끼 꼬리!

블루
사공이 많으면 배가 산으로 간다더니. 완전 이상해!

지나가는 이야기

사공들이 모여 어디에서 손님을 받아야 할지 의논했어요. 먼저 한 사공이 말했어요.
"시냇가는 물이 너무 없어서 안 되오."
그러자 다른 사공들도 의견을 냈어요. 바다는 험난해서 안 되고 강은 경쟁자가 많아서 안 된다고 했지요. 그때 가장 나이 많은 사공이 말했어요.
"시냇가도 바다도 강도 아니면 어디에서 손님을 받는단 말이오? 남은 곳이라고는 산밖에 없는데. 산에서 배를 저을 수는 없지 않소?"

새 발의 피

없는 거나 마찬가지인 아주 적은 양.

한자 성어 조족지혈(鳥足之血) **비슷한 속담** 모기 다리의 피만 하다.

뜨악, 작은 상처인데 너무 아파!

언제 쓸까?
여러분, 수박 아이스크림을 아나요? 수박 아이스크림을 먹을 때면 빨간 부분보다 초록 부분이 너무 적어서 아쉬워요. 이 속담은 이처럼 양이 적을 때를 비유하는 표현이랍니다.

새와 관련한 속담
궁한 새가 사람을 쫓는다
궁지에 몰리면 약자도 저항한다.

나는 새도 떨어트린다
권세가 대단해 모든 일을 마음대로 할 수 있다.

나무 끝의 새 같다
오래 머무르지 못할 위태로운 곳에 있다.

> **지나가는 이야기**

배고픈 박쥐가 토끼의 피를 빨기 위해 달려들었어요. 그런데 토끼가 자기를 놓아주면 세상에서 가장 맛있는 피를 알려 준다고 하지 뭐예요? 박쥐는 토끼를 놓아주고 그 피가 '새의 다리 피'라는 것을 알아냈어요. 박쥐는 열심히 새를 찾아다녔어요. 그리고 둥지에서 잠든 새를 발견하자마자 새의 다리를 물었지요. 그런데 피가 한 방울도 안 나지 뭐예요? 그 모습을 본 토끼는 "그걸 믿다니. 작은 새의 다리에 피가 흐르면 얼마나 흐르겠어."라고 비웃으며 사라졌답니다.

서당 개 삼 년에 풍월을 읊는다

아무것도 모르는 사람도 그 분야에 오래 있으면
어느 정도 지식을 쌓을 수 있다.

한자 성어 당구풍월(堂狗風月)　**비슷한 속담** 솔개도 오래면 꿩을 잡는다.

언제 쓰일까?

영어를 못하는 사람이 미국에서 3년 동안 살면 어떻게 될까요? 대화를 주고받을 수 있을 만큼 실력이 늘 거예요. 이 속담은 아무런 지식이 없는 사람도 적절한 환경에 오래 있으면 지식을 쌓을 수 있다는 표현이랍니다.

지식과 관련한 속담

대중은 말 없는 스승이다
평범한 사람에게서도 배울 것이 많다.

책을 떠난 식자란 있을 수 없다
지식을 얻기에는 책만 한 것이 없다.

지나가는 이야기

동네 개들이 마을에 모여서 이야기를 나눴어요. 그런데 백구가 심각한 얼굴을 하자 다른 개들이 걱정했어요. 백구는 자기 이름을 쓸 줄 모른다며 울먹였어요. 그 말을 들은 황구가 자신이 글을 쓸 줄 안다고 말했어요. 그 말에 놀란 개들이 비결을 물었어요. 황구는 이렇게 말했답니다.
"우리 집이 서당이잖아. 견생 3년 동안 줄곧 글자 쓰고 읽는 것만 봤더니. 이제 나도 쓸 수 있겠더라고."

선무당이 사람 잡는다

능력 없는 사람이 아는 척하다가 일을 망친다.

한자 성어 생무살인(生巫殺人)
비슷한 속담 세 치 혀가 사람 잡는다, 어설픈 약국이 사람 죽인다.

언제 쓰일까?

저만 따라오라는 친구를 믿었다가 길을 잃었어요. 알고 보니 친구도 처음 오는 장소였지 뭐예요? 이 속담은 전문가처럼 아는 척하는 사람을 믿었다가 큰 낭패를 봤을 때 쓰는 표현이에요.

무당과 관련한 속담

가까운 무당보다 먼 데 무당이 영하다
잘 모르고 멀리 있는 것이 더 좋아 보인다.

서투른 무당이 장구만 나무란다
제 능력은 생각 않고 도구나 조건만 탓한다.

장구 깨진 무당 같다
흥을 잃고 기운 없이 처진 사람을 비유하다.

지나가는 이야기

옛날에는 무당이 신과 사람을 이어 준다고 생각했어요. 이런 믿음을 '무속 신앙'이라고 해요.

무당이 되려면 여러 복잡한 과정을 거쳐야 했어요. 힘들게 무당이 된다고 해도 처음에는 서툴기 마련이었지요. 이런 서툰 무당을 '선무당'이라고 해요. 무당이 나오는 속담은 옆에서도 볼 수 있듯이 아주 많아요. 그만큼 옛날 사람들에게는 무속 신앙이 중요했다는 뜻이겠죠?

세 살 버릇 여든까지 간다

어렸을 때의 습관은 나이가 들어서도 고치기 힘들다.

한자 성어 삼세지습 지우팔십(三歲之習 至于八十)
비슷한 속담 낙숫물은 떨어지던 데 또 떨어진다.

여든은 '팔십'이라는 뜻이야.

언제 쓰일까?

손톱을 물거나 말을 흐리거나 다리를 떠는 등의 버릇은 쉽게 고쳐지지 않아요. 세 살에 든 버릇이 여든이 돼도 고쳐지지 않을 만큼 어렵지요.

버릇과 관련한 속담

고양이 버릇이 괘씸하다
평소에 하는 짓이 못마땅하다.

사람마다 한 가지 버릇은 있다
누구나 한두 가지 나쁜 버릇이 있다.

천생 버릇은 임을 봐도 못 고친다
타고난 버릇은 고치기 힘들다.

지나가는 이야기

"세 살 버릇 여든까지 간다."라는 속담에서 나이가 왜 하필 세 살일까요? 네 살일 수도 다섯 살일 수도 있는데 말이에요. 과학자들의 연구에 따르면 아이들은 세 살쯤이면 서서히 자신을 알아 간다고 해요. 이때부터 말버릇이나 행동거지를 비롯한 여러 습관이 몸에 익어요. 옛날 어른들은 세 살을 아주 중요한 나이라고 여겼어요. 세 살 아이 앞에서는 말이나 행동을 조심했답니다.

소 뒷걸음질 치다 쥐 잡기

얼떨결에 문제를 해결하다.

한자 성어 사공중곡(射空中鵠, 멋모르고 한 일이 우연히 들어맞아 성공하다)
비슷한 속담 소 밭에 쥐 잡기

언제 쓰일까?

쉬는 시간에 간식을 많이 먹었더니 배불러서 급식을 먹지 않았어요. 그날, 급식을 먹는 친구들이 단체로 식중독에 걸렸지 뭐예요? 이 속담은 의도치 않게 이득을 봤을 때 쓸 수 있는 표현이에요.

소와 관련한 속담

소같이 벌어서 쥐같이 먹어라
돈은 열심히 벌고 아껴서 써야 한다.

쇠뿔 잡다가 소 죽인다
흠을 고치려다 도리어 망치는 경우.

푸줏간에 들어가는 소 걸음
무섭거나 내키지 않는 일을 억지로 하는 모양.

> **지나가는 이야기**

영국의 미생물학자 플레밍은 의도치 않게 세균 보관함의 뚜껑을 열고 여름휴가를 떠났어요. 휴가가 끝나고 실험실에 돌아오니 세균 보관함에 있던 곰팡이가 자라 있었어요. 그런데 곰팡이가 자란 곳 주변에 세균이 죽어 있지 않겠어요? 플레밍은 이를 연구하여 푸른곰팡이가 세균을 죽이는 물질을 낸다는 사실을 알아냈답니다. 그 결과 세상에서 제일 위대한 약 '페니실린'이 발명되었지요.

소 잃고 외양간 고친다

이미 사건이 벌어지고 난 뒤에 예방하려 든다.

한자 성어 망우보뢰(亡牛補牢)
비슷한 속담 말 잃고 외양간 고친다, 호미로 막을 것을 가래로 막는다.

언제 쓸까?

주머니에 구멍이 뚫려 물건을 모두 잃어버렸어요. 그래서 주머니의 구멍을 열심히 꿰맸는데 친구가 옆에서 한심하다는 듯 이렇게 말하네요. "소 잃고 외양간 고치네."

외양간과 관련한 속담

색시가 고우면 처갓집 외양간 말뚝에도 절한다
한 가지가 좋아 보이면 주변의 모든 것이 좋아보인다.

한 외양간에 암소만 둘이다
같은 것끼리만 있어서는 도움되지 않는다.

> **지나가는 이야기**

옛날에는 소가 아주 귀중한 자원이었어요. 소가 없으면 농사를 지을 수 없었거든요. 지금으로 따지면 값비싼 자동차만큼 귀하게 여겨졌답니다. 그런데 이런 소가 머무는 외양간을 소홀히 다루면 어떻게 될까요? 구멍이 생겨 소가 도망갈 수도 있고 도둑이 소를 훔쳐 갈 수도 있어요. 그러니 소 잃고 외양간 고치기 전에 열심히 관리해 줘야 했어요. 그래도 지금은 다행이에요. 값비싼 차가 혼자 도망가지는 않으니까요.

쇠귀에 경 읽기

아무리 알려 줘도 소용없다.

한자 성어 우이독경(牛耳讀經)　**비슷한 속담** 말 귀에 염불, 쇠코에 경 읽기.

경(經)은 유교 사상을 써 놓은 책이야.

언제 쓰일까?

아무리 잔소리해도 들을 생각이 없다면 무슨 소용인가요. 차라리 소한테 책을 읽어 주는 게 낫겠어요. 아차, 소도 소용없으려나?

경(經)과 관련한 속담

경 다 읽고 떼어 버려야겠다
이번 일을 마치고 앞으로 인연을 끊다.

귀신은 경에 막히고 사람은 인정에 막힌다
인정이 있는 사람은 사정하는 사람에게 어쩔 수 없다.

도깨비는 방망이로 떼고 귀신은 경으로 뗀다
귀찮은 존재를 뗄 때는 방법이 있다.

지나가는 이야기

아들이 농부에게 하늘 천(天)은 어떻게 쓰냐고 물었어요. 농부는 하필 자기도 모르는 것을 아들이 물어본다고 중얼거렸지요. 어느 날, 농부는 글을 모르는 자신이 부끄러워져 서당에 다니기로 마음먹었답니다. 훈장님은 농부의 나이를 생각해 어른들이 배우는 《대학》부터 공부하자고 했어요. 《대학》은 아주 어려운 학문이었어요. 지금으로 따지면 한글을 모르는 사람에게 고등학교 교과서를 보여 주는 것과 마찬가지였죠. 당연히 농부는 훈장님의 수업을 하나도 알아듣지 못했어요. 결국 도망쳐 나온 농부는 소가 말을 안 들을 때마다 이렇게 말했답니다.

"이놈! 말 안 들으면 서당에 보내 《대학》을 듣게 한다!"

쇠뿔도 단김에 빼랬다

무슨 일이든 시작했을 때 끝을 봐야 한다.

비슷한 속담 단김에 소뿔 빼듯, 물 들어올 때 노 저어라.

언제 쓰일까?

"내일부터 할 거야, 다음 달부터 할 거야."처럼 할 일을 미룬 적 있나요? 이렇게 미루다가는 흐지부지될지도 몰라요. 그러니 결심했을 때 바로 행동에 옮기는 것이 좋답니다.

뿔과 관련한 속담

네 뿔이 부러지냐 내 뿔이 부러지냐
누가 옳은지 결판이 날 때까지 겨루자고 벼르다.

못된 송아지 엉덩이에 뿔 난다
나쁜 사람은 엇나간 행동만 한다.

송곳니를 가진 호랑이는 뿔이 없다
모든 것을 갖출 수는 없다.

지나가는 이야기

소의 뿔인 쇠뿔은 다양한 도구에 쓰인 중요한 재료였어요. 하지만 뿔 모양을 그대로 뽑기는 쉽지 않은 일이었지요. 열을 주어서 잘 달군 뒤 흐물흐물해졌을 때 소의 머리에서 뿔을 뽑아야 했어요. 뿔이 식으면 굳어져서 빼기가 힘들었거든요. 따라서 쇠뿔을 잘 뽑을 수 있는 때를 놓치지 말고 정확하게 빼야 한다는 사실을 빗대 "쇠뿔도 단김에 빼랬다."라는 속담이 생겼답니다.

수박 겉 핥기

진짜 내용은 잘 모른 채 겉만 슬쩍 보고 넘기다.

한자 성어 서과외지(西瓜外舐)
비슷한 속담 꿀단지 겉 핥기, 처삼촌 뫼에 벌초하듯.

언제 쓸까?

영화 예고편만 보고 영화를 봤다고 할 수 있을까요? 예고편은 영화의 아주 일부 장면만 들어 있으니 다 봤다고 할 수 없어요. 마치 수박 겉만 핥고서 수박은 맛없다고 하는 것과 같아요.

수박과 관련한 속담

선 수박의 꼭지를 도렸다
그냥 두면 좋은 일을 괜히 건드려서 망치다.

수박은 속을 봐야 알고 사람은 지내 봐야 안다
수박은 속을 보아야 잘 익었는지 알 수 있고 사람은 함께 지내 보아야 속마음을 알 수 있다.

지나가는 이야기

수박은 먹음직스러운 빨간 과육과 연두색의 겉 부분으로 이루어져 있어요. 대부분 달지 않고 떫은 연두색 부분은 버리고 빨간 과육만 먹고는 해요. 그런데 이 연두색 부분을 이용해 김치를 담근다는 사실을 알고 있나요? 이 김치를 '수박 김치'라고 불러요. 맛은 깍두기와 비슷하답니다. 특이한 김치는 수박 김치뿐만이 아니에요. 새콤한 파인애플 김치, 물컹한 가지 김치, 상큼한 딸기 물김치 등 과일과 채소를 다양하게 이용한 김치가 있어요. 쓸모 없는 줄 알았던 겉 부분이 이렇게 활용된다니 참 놀랍지요?

시장이 반찬

배가 고프면 뭐든 맛있다.

한자 성어 만식당육(晚食當肉, 배고플 때 먹으면 무엇이든 맛있다)
비슷한 속담 맛없는 음식도 배고프면 달게 먹는다, 시장이 팥죽.

언제 쓰일까?

배가 고프면 어떤 음식도 맛있게 먹을 수 있어요. 정말 배고플 때는 반찬 없이 밥만 먹어도 꿀맛이에요. 그래서 배고픔을 가장 좋은 반찬이라고 하나 봐요.

배고픔과 관련한 속담

내 배가 부르니 종의 배고픔을 모른다
자신이 만족하고 나면 다른 사람의 곤란을 보지 못한다.

허기진 강아지 물찌똥에 덤빈다
굶주린 사람은 음식을 가리지 않는다.

지나가는 이야기

'시장이 반찬'에서의 시장은 물건을 파는 곳이 아니에요. "배가 고프다."라는 뜻이지요. 그러니 이 속담은 '배고픔이 반찬'이라는 말이에요. 밥을 맛있게 먹으려고 무작정 굶는 것은 좋지 않아요. 오랜 시간 동안 밥을 먹지 않으면 근육이 줄어들고 몸에 힘이 빠지거든요. 역시 하루 세끼 건강히 먹는 게 최고지요!

식은 죽 먹기

아주 쉬운 일.

한자 성어 이여반장(易如反掌, 손바닥을 뒤집듯 쉽다)
비슷한 속담 누워서 떡 먹기, 땅 짚고 헤엄치기.

너무 쉬워서 하품이 다 나네.

언제 쓰일까?

침대에서 핸드폰 하기, 소파에서 간식 먹기는 아주 쉬워요. 굳이 수고하지 않더라도 쉽게 할 수 있는 일이지요. 이 속담은 이처럼 쉬운 일을 비유할 때 쓰여요.

죽과 관련한 속담

더운 죽에 파리 날아들 듯
무턱대고 덤벼들었다가 곤경에 빠지다.

식은 죽도 불어 가며 먹어라
쉬운 일이라도 확인한 다음에 해야 한다.

죽 쑤어 개 준다
애써 한 일을 남에게 빼앗기다.

지나가는 이야기

이 속담은 "남의 말하기는 식은 죽 먹기."라고도 쓰여요. 남의 잘못을 비난하기는 아주 쉽다는 뜻이지요. 하지만 "남의 말하기는 식은 죽 먹기."보다 "식은 죽 먹기."가 더 많이 쓰인답니다. 그런데 왜 하필 식은 죽일까요? 죽은 곡식을 푹 고아 알갱이를 무르게 한 음식이에요. 밥보다 더욱 소화가 잘되지요. 게다가 식어 있다니 먹기가 얼마나 편하겠어요? 그러니 먹기 쉬운 음식에는 식은 죽만 한 것이 없지요.

십 년이면 강산도 변한다

10년이 지나면 많은 것이 바뀐다.

한자 성어 상전벽해(桑田碧海, 뽕나무 밭이 푸르게 변하여 푸른 바다가 되다)

산도 강도 사람도 물건도 바뀌는구나.

언제 쓰일까?
10년은 아주 긴 시간이에요. 산도 강도 달라질 만큼요. 10년 뒤의 여러분은 어떤 모습일까요?

세월과 관련한 속담
가는 세월 오는 백발
세월이 가면 나이를 먹고 늙는다.

세월은 사람을 기다려 주지 않는다
무슨 일이든 부지런해야지 꾸물거리면 할 일을 못한다.

세월이 약
아무리 가슴 아픈 일도 시간이 지나면 잊힌다.

지나가는 이야기

10은 어떠한 일이 마무리된다는 뜻으로 많이 쓰이는 숫자예요. 십년감수, 십년지기, 십 년 묵은 체증이 내려간다, 열 번 찍어 안 넘어가는 나무 없다 등 여러 곳에서 찾아볼 수 있지요.

그런데 왜 10에 이런 뜻이 담겼을까요? 아무래도 우리의 손가락이 열 개이기 때문일 거예요. 원시 시대부터 지금까지 숫자를 세기 위해 손을 써 왔거든요. 10까지 세면 모든 손가락을 사용하고 다시 처음으로 돌아가야 하니 마무리라는 뜻이 생긴 거지요.

싼 것이 비지떡

값이 싼 물건은 형편없다.

비슷한 속담 값싼 비지떡, 값싸 갈치자반.

언제 쓰일까?

싼 물건을 샀는데 얼마 못 쓰고 망가진 경험이 있나요? 이럴 때 이렇게 말하지요? "값이 싸서 샀더니 싼 것이 비지떡이었어!"

비지떡과 관련한 속담

권에 비지떡
하고 싶지 않은데 남의 권유에 어쩔 수 없이 따라 하다.

소문난 잔치 비지떡이 두레 반이라
떠들썩한 소문에 비해 그렇지 못하다.

지나가는 이야기

"싼 것이 비지떡."은 정반대의 의미로도 쓰여요. 한 선비가 한양에 가기 위해 고개를 넘어가고 있었어요. 고개의 끝에는 작은 주막이 있었지요. 선비는 주막에서 하루 묵은 뒤 다시 길을 나서려고 했어요. 그런데 주모가 무언가가 들어 있는 보자기를 주지 않겠어요? 선비가 무엇이냐고 물었어요.

"보자기로 싼 것은 비지떡입니다. 길을 가시다 출출할 때 드시지요."

하찮은 물건을 뜻하는 속담이 마음이 담긴 물건이라는 의미로도 쓰인다니. 참 재미있죠?

아니 땐 굴뚝에 연기 날까

소문이 나는 데는 모두 이유가 있다.

한자 성어 불연지돌연불생(不燃之突煙不生)
비슷한 속담 뿌리 없는 나무에 잎이 필까, 아니 때린 장구 북소리 날까.

언제 쓰일까?

연기가 나는 것은 누군가 불을 지폈기 때문이에요. 마찬가지로 소문이 나는 건 그만한 이유가 있었기 때문이라는 거예요. 이 속담은 주로 의심할 때 쓰이는 표현이지요.

연기와 관련한 속담

연기 마신 고양이
잔뜩 찌푸려서 이상해진 표정.

제집 연기는 남의 집 연기보다 낫다
별것이 아니라도 익숙한 것이 좋다.

> **지나가는 이야기**

굴뚝은 연기가 피어오르는 통로예요. 그런데 바닷속에도 굴뚝이 있다는 사실, 알고 있나요? 아주 깊숙한 바다인 심해에는 열수 분출공(熱水噴出孔)이 있어요. 열수 분출공은 땅속 깊은 곳에 있는 마그마로 뜨거워진 물이 나오는 곳이에요. 마치 굴뚝에서 연기가 나듯 뜨거운 물이 뿜어져 나오지요. 열수 분출공은 따뜻하고 영양분이 많아서 심해 동물들에게 인기 만점이랍니다.

엎드려 절 받기

억지로 요구하여 대접을 받다.

`한자 성어` 안두수배(按頭受拜, 머리를 눌러 절을 받다)
`비슷한 속담` 억지로 절 받기, 옆 찔러 절 받기.

억지로 하기는!

`언제 쓰일까?`
상대방에게 억지로 칭찬이나 대접을 받으려 할 때 쓸 수 있는 속담이에요. "내가 세상에서 제일 예쁘다고 하면 초콜릿 줄게." 처럼요.

`절과 관련한 속담`
먹을 것 없는 제사에 절만 많다
이득도 없는 일에 수고만 많이 하다.

빌어먹어도 절하고 싶지 않다
아무리 가난해도 남에게 빌붙기는 싫다.

> **지나가는 이야기**

지우와 민준이가 집에서 놀고 있었어요. 그런데 갑자기 지우가 절을 하지 뭐예요?
"왜 갑자기 절을 하는 거야?"
"내가 절을 하니까 고맙지 않아?"
지우는 당황한 민준이를 보고 해맑게 웃으며 말했어요.
"고맙지? 고맙지? 그럼 나한테도 절해 줘."
민준이는 마지못해 절을 했어요. 비록 엎드려 절 받기였지만 지우는 만족했는지 미소를 지으며 끄덕였답니다.

열 길 물속은 알아도 한 길 사람 속은 모른다

사람의 속마음을 알기는 매우 어렵다.

비슷한 속담 말로는 사람 속을 모른다. 범은 그려도 뼈다귀는 못 그린다.

도대체 무슨 생각을 하는 걸까?

언제 쓰일까?

내 마음도 잘 모르는 때가 많은데 다른 사람의 속마음을 알기는 더욱 어려워요. 깊은 물의 속보다 사람의 마음을 아는 것이 더 어려울 정도라고 할 만큼요.

마음속과 관련한 속담

겉 다르고 속 다르다
말과 행동이 다르다.

낯은 알아도 마음은 모른다
사람의 마음속은 알 수 없다.

사람 속은 소금 서 말을 같이 먹어 보아야 안다
사람을 알려면 오래 같이 생활해 봐야 한다.

*171쪽에서 이어집니다.

지나가는 이야기

속담에서 '길'은 물건 높이나 길이, 깊이 등을 어림잡는 단위예요. 한 길은 사람의 키 정도이니 열 길 물속은 사람 키의 열 배 되는 깊은 물 속이라는 거지요. 그렇다면 세상에서 제일 깊은 물은 어디에 있을까요? 바로 러시아에 있는 바이칼호수랍니다. 호수에서 가장 깊은 곳이 무려 1.6km나 돼요. 남산타워를 여덟 개나 쌓을 수 있는 깊이이지요. 그렇다면 세상에서 제일 깊은 바다는 어디일까요? 태평양에 있는 마리아나 해구예요. 그 깊이는 무려 11km나 된답니다! 세상에서 제일 높은 산인 에베레스트(8.8km)를 넣어도 한참 남을 만큼 깊다고 해요.

열 번 찍어 아니 넘어가는 나무 없다

계속 도전하다 보면 성취하지 못할 것이 없다.

한자 성어 십벌지목(十伐之木)

언제 쓰일까?

한두 번 실패했다고 포기하지 마세요. 열 번 찍어 안 넘어가는 나무가 없듯 계속 도전하면 성공하지 못할 일은 없으니까요.

나무와 관련한 속담

나무에서 고기 찾는다
할 수 없는 일을 하려 애쓰다.

업신여긴 나무가 뿌리 박힌다
하찮게 여기던 사람이 뜻밖에 성공하다.

지나가는 이야기

허약이는 동네에서 소문난 약골이에요. 다른 나무꾼들은 나무를 잘만 찍어 넘기는데 허약이는 아무리 도끼질해도 홈집만 날 뿐이었답니다. 결국 허약이는 동네에서 제일 나무를 잘 찍어 넘긴다는 나무꾼을 찾아가 방법을 물었어요. 나무꾼은 호탕하게 웃으며 대답했어요.

"방법이 어디 있어! 열 번이고 백 번이고 찍다 보면 넘어가는 거지."

허약이는 나무꾼의 말을 듣고 도끼로 나무를 계속 찍자, 정말로 나무가 쓰러졌어요. 그렇게 허약이는 훌륭한 나무꾼이 되어 이름을 알렸답니다.

오르지 못할 나무는 쳐다보지도 마라

할 수 없는 일은 욕심부리지 않고 빨리 포기하는 것이 현명하다.

한자 성어 언감생심(焉敢生心, 감히 그런 마음을 품을 수 없다)
비슷한 속담 송충이는 솔잎을 먹어야 한다.

언제 쓰일까?

사람에게는 날개가 없으니 갑자기 날고 싶다고 언덕에서 뛰어내리면 안 되겠지요? 이 속담은 이렇게 할 수 없는 일은 무턱대고 시도하지 말라는 뜻을 담고 있어요.

욕심과 관련한 속담

욕심은 부엉이 같다
욕심이 아주 많다.

욕심이 사람 죽인다
욕심이 지나치면 위험한 일도 하고 만다.

지나가는 이야기

오르지 못할 나무는 쳐다보지도 않는 것이 좋아요. 준비가 안 됐는데 오르다가는 떨어져서 크게 다칠 수 있거든요. 그렇다고 완전히 포기하지는 마세요. 차분히 기다리며 철저히 준비하라는 뜻이니까요. 하나하나 갖추다 보면 오르지 못할 나무가 오를 수 있는 나무로 바뀔 거예요.

우물 안 개구리

좁은 식견을 가져 세상의 형편을 모르는 사람.

한자 성어 정저지와(井底之蛙)　비슷한 속담 우물 안 고기.

언제 쓰일까?

반에서 달리기를 제일 잘한다고 으스대던 친구가 학교 대회에서 꼴등을 했어요. 반에서 제일 잘한다고 해도 학교에는 더 잘하는 친구들이 많았네요. 이 속담은 좁은 울타리에 있어서 자신만 잘난 줄 아는 사람을 뜻해요.

우물과 관련한 속담

목마른 놈이 우물 판다
급하고 필요한 사람이 그 일을 한다.

우물에 가 숭늉 찾는다
일의 순서도 모르고 급하게 덤비다.

우물을 파도 한 우물을 파라
어떤 일이든 한 가지 일을 끝까지 하라.

> **지나가는 이야기**

먼 옛날 우물에 사는 개구리가 동해에 사는 자라에게 이렇게 이야기하며 제집을 자랑했대요.
"난 참 즐겁다네. 우물 안의 벽돌 가장자리에서 쉬기도 하고 시원한 우물에서 가만히 있기도 하지. 저 장구벌레나 올챙이 따위와 내 팔자가 비교가 되겠나? 이 우물이 온통 내 차지인데. 거 동해에 사는 자라 자네도 가끔 내게 놀러 오게."

울며 겨자 먹기

하기 싫은 일을 억지로 해야 하는 상황.

비슷한 속담 눈물 흘리면서 겨자 먹기, 마음 없는 염불

언제 쓰일까?

사람들은 하고 싶은 것만 하고 살 수 없어요. 때로는 하기 싫은 것도 꾹 참고 해야 할 때가 있답니다. 놀고 싶은데 내일까지인 숙제를 해야 하듯요. 이 속담은 바로 이런 순간을 비유한답니다.

눈물과 관련한 속담

반 잔 술에 눈물 나고 한 잔 술에 웃음 난다
남에게 흡족히 주지 않으면 인심을 잃는다.

한 잔 술에 눈물 난다
작은 일에 차별을 두는 데서도 섭섭하게 느껴지다.

지나가는 이야기

대한민국은 겨자보다 고추를 많이 먹는데 왜 울며 겨자 먹기일까요? 고추가 우리나라에 들어온 지 얼마 안 되었기 때문이에요. 고추는 임진왜란 때 처음 들어왔어요. 임진왜란이 약 400여 년 전에 일어났으니 생각보다 얼마 안 되었지요? 고추가 들어오기 전까지 사람들은 겨자, 마늘 등을 양념으로 썼어요. 아마도 당시에는 고추보다 겨자가 익숙해 "울며 겨자 먹기."가 되지 않았을까요?

원수는 외나무다리에서 만난다

싫어하는 사람과 피할 수 없는 곳에서 만난 상황.

`한자 성어` 오월동주(吳越同舟, 사이 나쁜 사람끼리 한자리에서 힘을 모아야 하는 상황)
`비슷한 속담` 외나무다리에서 만날 날이 있다.

언제 쓰일까?

외나무다리는 커다란 통나무로 된 다리예요. 외나무다리에서 싫어하는 사람을 만나면 피할 수가 없어요. 물론 물에 빠진다면 피할 수는 있겠지만 원수 때문에 물에 빠지기에는 자존심이 상하지 않겠어요?

원수와 관련한 속담

오랜 원수를 갚으려다가 새 원수가 생겼다
복수가 더 안 좋은 일로 이어질 수 있다.

입이 원수
말을 잘못해 화를 당하다.

한 하늘을 이고 살 수 없는 원수
매우 원한이 깊은 원수.

지나가는 이야기

학교가 끝나고 돌돌이는 집으로 향했어요. 집으로 가기 위해 돌돌이가 외나무다리를 건너는데 건너편에서 또식이가 오지 않겠어요?
"나를 골탕 먹인 또식이잖아? 이렇게 딱 만날 줄이야. 피할 수도 없는데."
외나무다리 중간에서 만난 돌돌이와 또식이는 서로를 노려보며 비키라고 말했어요. 급기야 돌돌이와 또식이는 서로를 밀며 몸싸움을 했지요. 그래서 어떻게 됐냐고요? 둘은 함께 강에 빠져 버리고 말았답니다.

원숭이도 나무에서 떨어진다

잘하는 사람도 실수할 때가 있다.

한자 성어 천려일실(千慮一失, 천 번 생각에 한 번 실수)
비슷한 속담 닭도 홰에서 떨어지는 날이 있다.

언제 쓸까?

세계 최고의 가수라도 언제나 실수 없이 노래할 수 없어요. 나무를 날마다 타는 원숭이도 어쩌다 나무에서 떨어지듯요. 누구나 실수할 때가 있답니다.

원숭이와 관련한 속담

원숭이 볼기짝인가
술을 먹고 얼굴이 불그레해진 사람.

원숭이 이 잡아먹듯
샅샅이 뒤지는 모양.

원숭이 흉내 내듯
생각 없이 남이 하는 대로 덩달아 따라 하다.

지나가는 이야기

원숭이는 나무에 살아요. 팔과 다리뿐만 아니라 꼬리로도 나뭇가지를 잡을 수 있어서 이 나무 저 나무를 자유롭게 옮겨 다닐 수 있는 동물이에요. 그런데 나무보다 땅을 좋아하는 특이한 원숭이도 있어요. 마다가스카르에 사는 알락꼬리여우원숭이가 그 주인공이에요. 꼬리가 호랑이 꼬리 같아서 '호랑꼬리여우원숭이'라고도 불러요. 영화 〈마다가스카〉에서 줄리언 대왕으로 나와 유명해졌지요. 이 원숭이는 햇빛을 바라보며 양반다리를 하고 일광욕을 즐기기도 한답니다.

윗물이 맑아야 아랫물이 맑다

윗사람이 본보기가 되어야 아랫사람이 닮을 수 있다.

<u>한자 성어</u> 상행하효(上行下效, 윗사람이 하는 일을 아랫사람이 본받는다)
<u>비슷한 속담</u> 망치가 가벼우면 못이 솟는다.

언제 쓰일까?

어린이는 어른이 하는 행동을 보고 배워요. 어린이가 하는 행동을 보면 어른의 행동도 알 수 있지요. 윗물이 더러우면 아랫물도 더러워지듯 말이에요.

물과 관련한 속담

물 밖에 난 고기
의지할 곳 없이 옴짝달싹 못 하다.

물에 물 탄 듯 술에 술 탄 듯
말이나 행동이 분명하지 않다.

숭늉에 물 탄 격
음식이나 사람이 매우 싱겁다.

지나가는 이야기

윗물이 맑아야 아랫물이 맑다, 이 속담은 과연 사실일까요?
어떤 지역의 고등학교에서 학생들이 시험에서 해 왔던 부정행위들이 밝혀졌어요. 이 소문이 퍼지자 고등학교 옆에 붙어 있던 중학교의 학생들이 시험에서 똑같이 부정행위를 했다지 뭐예요? 이와 비슷하게 연예인처럼 유명한 사람이 나쁜 행동을 하면 팬들도 똑같이 나쁜 행동을 하는 것을 '베르테르 효과'라고 한답니다.

자라 보고 놀란 가슴 솥뚜껑 보고 놀란다

무서워하는 것과 비슷한 것만 봐도 놀란다.

한자 성어 오우천월(吳牛喘月, 간이 작아 어떤 일에 미리 겁내며 허둥거리다)
비슷한 속담 몹시 데면 회도 불어 먹는다.

언제 쓸까?

화장실에 벌레가 나타난 줄 알고 깜짝 놀랐는데 알고 보니 뭉친 머리카락이었어요. 이 속담은 비슷한 무언가를 보고 놀랄 때 쓸 수 있는 표현이에요.

솥과 관련한 속담

솥뚜껑에 엿을 놓았나
집에 서둘러 가려는 사람을 놀림조로 이르다.

솥은 검어도 밥은 검지 않다
겉은 훌륭해 보이지 않아도 속은 훌륭하다.

솥 씻어 놓고 기다리기
모든 것을 다 준비해 놓고 기다리다.

지나가는 이야기

자라는 거북이와 비슷하게 생겼어요. 다만 거북이와 달리 돼지 콧구멍이 있지요. 그런데 사람들은 이 자라를 왜 무서워할까요? 자라의 힘이 아주 세기 때문이에요. 자라가 무는 힘은 쇠젓가락을 부러트릴 수 있을 만큼 세다고 해요. 이 무는 힘은 사람보다 무려 세 배나 강해요. 여기에 더해 거북이처럼 느려 보이지만 달리기도 아주 잘한답니다. 그러니 자라를 본다면 즉시 도망가는 것이 좋겠어요.

작은 고추가 맵다

몸이 작은 사람이 더 뛰어나다.

한자 성어 단소정한(短小精悍, 짧고 작지만 다부지고 강하다)
비슷한 속담 대국 고추는 작아도 맵다, 작아도 고추일.

언제 쓰일까?

크기가 큰 고추라고 무조건 맵지 않아요. 오히려 작은 고추가 더 매울 수도 있답니다. 이 속담은 크기는 작아도 큰 힘을 가진 사람을 비유하는 표현이에요.

고추와 관련한 속담

고추보다 후추가 더 맵다
몸집이 작은 사람이 큰 사람보다 뛰어나다.

고추밭을 매도 참이 있다
아무리 작은 일이라도 사람을 부릴 때는 보상을 줘야 한다.

지나가는 이야기

고추는 임진왜란 때 들어왔다고 했지요? 고추는 어떻게 400년 만에 모두의 사랑을 듬뿍 받는 채소가 되었을까요? 매운맛을 내는 고추는 사람뿐만 아니라 벌레도 매워한답니다. 그래서 고추를 이용해 맵게 요리하면 음식을 오래 보관할 수 있었어요. 벌레들은 매운맛을 별로 좋아하지 않나 봐요. 이와 달리 옛날부터 우리 민족은 마늘, 생강 등 매운 양념을 좋아했으니 매콤한 고추가 입맛에 딱 맞았답니다.

재주는 곰이 넘고 돈은 주인이 받는다

고생은 고생대로 했는데 이익은 다른 사람이 얻는다.

한자 성어 좌향기성(坐享其成, 가만히 앉아서 남이 성공한 것을 누리다)
비슷한 속담 남 지은 글로 과거한다, 비는 하늘이 주고 절은 부처가 받는다.

언제 쓰일까?

열심히 설거지를 마치고 화장실에 갔는데 엄마가 방에서 나오셨어요. 깨끗하게 설거지가 끝난 그릇들을 보시고 부엌에 있던 동생에게 수고했다며 용돈을 주시지 않겠어요? 아니, 설거지는 내가 했는데 왜 동생이 용돈을 받는 거예요!

곰과 관련한 속담

곰의 발바닥 같다
고집이 매우 세고 철면피인 사람.

미련하기는 곰일세
아주 미련한 사람을 비유하는 말.

재수 없는 포수는 곰을 잡아도 웅담이 없다
일이 안 되려면 모든 일이 잘 안 풀린다.

지나가는 이야기

"재주는 곰이 부리고 돈은 주인이 번다."라는 속담은 수고하는 사람 따로 있고 이익 보는 사람 따로 있을 때는 빗댄 표현이에요. 곰이 재주를 부리는 곰 서커스는 원래 우리나라에는 없던 공연이랍니다. 그런데 연암 박지원이 쓴 《열하일기》에 곰이 재주를 부리는 곡마단 이야기가 나와요. 청나라의 객관(여행자들이 머물던 숙소) 밖에 구름처럼 몰려든 장사꾼들이 각종 물건을 팔고 곰이 부리는 여러 재주를 구경했다는 이야기이지요. 박지원 외에도 청나라를 다녀온 많은 실학자가 청나라의 마을 곳곳에서 곰의 공연을 자주 구경했다고 해요. 곰이 재주를 부리는 신기한 모습을 본 실학자들 덕분에 이 속담이 유래했는지도 몰라요.

쥐구멍에도 볕 들 날 있다

힘든 날이 계속되는 듯해도 언젠가 좋은 때가 온다.

한자 성어 고진감래(苦盡甘來)
비슷한 속담 개똥밭에 이슬 내릴 때가 있다. 마룻구멍에도 볕 들 날 있다.

볕은 '햇빛'이라는 뜻이야.

언제 쓸까?

어둠이 있으면 빛도 있는 법이에요. 어두컴컴한 쥐구멍에도 가끔 빛이 들어오듯 말이에요. 힘든 일 끝에 좋은 일이 찾아왔을 때 쓰는 속담이랍니다.

쥐와 관련한 속담

고양이 쥐 생각
겉으로 생각해 주는 척하면서 해칠 마음을 품다.

고양이가 쥐를 마다한다
아주 좋아했던 것을 거절하다.

쥐가 쥐 꼬리를 물고
여러 사람이 연달아 나오는 모습.

> **지나가는 이야기**

이순신 장군은 대한민국의 자랑스러운 위인이에요. 이순신 장군도 무과(장군을 뽑는 시험)에 떨어졌었다는 사실을 아나요? 28세에 무과를 치른 장군은 달리는 말에서 떨어져 왼쪽 다리가 부러지고 말았어요. 버드나무 껍질로 부러진 다리를 동여맨 뒤 시험을 치렀지만 결과는 불합격이었어요. 그 후에도 여러 번 시험에 떨어졌지만 포기하지 않고 열심히 준비한 끝에 비로소 합격했답니다. 그리고 온갖 어려움을 극복하고 우리나라를 대표하는 장군으로 이름을 남겼어요.

지렁이도 밟으면 꿈틀한다

순한 사람이라고 해도 계속 못살게 굴면 화내기 마련이다.

한자 성어 궁서설묘(窮鼠齧猫, 쥐도 궁지에 몰리면 고양이를 문다)
비슷한 속담 굼벵이도 밟으면 꿈틀한다.

언제 쓸까?
평소에 화를 내지 않고 온화한 친구가 있나요? 그렇다면 주의하세요. 그런 친구가 화내면 정말 무서운 법이거든요.

지렁이와 관련한 속담
지렁이 갈빗대 같다
터무니없는 것 또는 부드럽고 말랑말랑한 것.

지렁이 용 되는 시늉한다
도저히 이룰 수 없는 행동을 하다.

> 지나가는 이야기

지렁이는 우리에게 많은 도움을 줘요. 땅속을 돌아다니며 지렁이가 만든 길은 흙 사이에 공기를 통하게 해요. 이 덕분에 식물들은 호흡할 수 있답니다. 이 밖에 지렁이가 싼 똥은 흙을 기름지게 해 줘요. 지렁이는 하루에 500g 정도의 똥을 싸는데요. 지렁이가 싼 똥에는 영양분이 가득해 땅을 비옥하게 해 준다고 해요.

짚신도 제짝이 있다

누구나 자신에게 맞는 인연이 있다.

`한자 성어` 천생연분(天生緣分)   `비슷한 속담` 원앙 오리 한 쌍이라.

언제 쓰일까?
누구나 자신과 딱 맞는 인연이 있답니다. 여러분의 인연은 어디에 있을까요? 아직은 먼 미래 이야기이지만 궁금하지 않나요?

짚신과 관련한 속담
짚신도 제날이 좋다
같은 환경의 사람끼리 어울리는 것이 좋다.

짚신에 국화 그리기
어울리지 않는 모양이나 차림새.

짚신을 뒤집어 신는다
지나치게 인색한 사람.

> **지나가는 이야기**

짚신은 볏짚을 꼬아서 만든 신발이에요. 짚신은 약 2000여 년 전부터 신어 온 신발이랍니다. 조선 시대에는 백성에서 양반까지 모두가 신는 신발이었어요. 물론 돈이 많은 양반은 고급 신을 신었지만요. 짚신은 왼쪽 오른쪽 구분이 없다는 점이 특징이에요. 그래서 발을 바꿔 신어도 전혀 불편하지 않았어요.

참새가 방앗간을 그저 지나랴

좋아하는 장소는 그냥 지나칠 수 없다.

한자 성어 미유와작 허과웅각(未有瓦雀 虛過雄閣)

방앗간은 곡식을 찧는 장소야.

언제 쓰일까?

겨울에 따끈하고 맛있는 붕어빵 가게를 그냥 지나치기는 힘들지요. 이 속담은 자신이 좋아하는 장소를 지나칠 수 없다는 표현이에요. 또 욕심 많은 사람이 이익을 보고 지나치지 않는다는 뜻으로도 쓰여요.

참새와 관련한 속담

참새가 기니 짧으니 한다
굳이 크고 작음이나 잘잘못을 가리려하다.

참새 무리가 어찌 대붕의 뜻을 알랴
평범한 사람은 큰 인물의 뜻을 알기가 어렵다.

참새를 볶아 먹었나
말이 빠르고 재잘거리기를 잘함을 비유하다.

지나가는 이야기

참새 하면 방앗간, 방앗간 하면 참새가 떠올라요. 그런데 왜 하필 방앗간과 참새일까요?

참새는 먹이를 가리지 않는 잡식성 동물이에요. 계절에 따라 다양한 먹이를 먹어요. 참새는 봄에서 가을까지 자연에서 많은 먹이를 구할 수 있어요. 문제는 겨울이에요. 추운 겨울에는 먹이를 구하기가 쉽지 않아요. 그래서 겨울이 오면 참새는 곡식을 모아 둔 방앗간 근처를 알짱거린답니다. 이 때문에 방앗간 하면 자연스럽게 참새 무리가 지저귀는 모습이 떠오르는 것이지요.

천 리 길도 한 걸음부터

큰일을 하더라도 차근차근 시작해야 한다.

한자 성어 등고자비(登高自卑, 높은 곳에 오르려면 낮은 곳부터 오른다)
비슷한 속담 시작이 반이다.

언제 쓰일까?

태어날 때부터 글을 읽을 수 있는 사람은 없어요. 기역, 니은부터 천천히 차근차근 배워야 하지요. 이 속담은 아무리 큰일이라도 작은 걸음으로 시작한다는 뜻을 담고 있답니다.

걸음과 관련한 속담

고양이 앞에 쥐 걸음
무서운 사람 앞에서는 설설 기며 꼼짝 못 하다.

물 만난 오리 걸음
보기 흉하게 어기적거리며 급히 걷는 모양.

지나가는 이야기

천 리 길도 한 걸음부터라는 속담에서 천 리는 도대체 무엇일까요?
'리'는 거리를 나타내는 옛 단위예요. 십 리가 약 4km이니 천 리는 약 400km예요. 이는 서울에서 부산까지의 거리랍니다. 굉장히 먼 거리이지요? 지금이야 자동차나 KTX로 몇 시간 만에 갈 수 있지만 옛날에는 걸어서 가야 했어요. 대략 10일에서 20일 정도 걸렸다고 해요. 여러분은 걸어서 천 리를 갈 수 있겠나요?

티끌 모아 태산

아무리 작은 것도 모이면 크게 된다.

한자 성어 적토성산(積土成山, 한 줌의 흙을 쌓으면 산이 된다)
비슷한 속담 개미 금탑 모으듯, 모래알도 보으면 산이 된다.

하나하나 쌓았는데 벌써 이만큼 모였네.

언제 쓰일까?

용돈을 조금씩 저금하다 보니 어느새 게임기를 살 수 있을 만큼 모였어요. 이 속담은 작은 것이 모여 큰 가치가 될 때 쓸 수 있는 표현이에요.

태산과 관련한 속담

가자니 태산이요, 돌아서자니 숭산이라
이러지도 저러지도 못할 지경이다.

앉아서 먹으면 태산도 못 당한다
일하지 않고 까먹기만 하면 태산처럼 큰 재산도 사라진다.

태산이 평지 된다
세상의 모든 것이 덧없이 바뀐다.

> **지나가는 이야기**

'오성과 한음'에서 오성으로 널리 알려진 이항복은 대장간 근처에서 놀다 버려진 쇳조각을 발견했어요. 그날 이후 이항복은 길가에 버려진 쇳조각을 주워와 항아리에 모았답니다. 날마다 조금씩 모으던 것이 어느새 항아리 세 개를 꽉 채웠어요. 이 모습을 본 사람들은 "티끌 모아 태산."이라고 말하기 시작했다고 해요.

하늘이 무너져도 솟아날 구멍이 있다

아무리 큰 어려움이 닥쳐도 해결할 길이 있다.

한자 성어 절처봉생(絕處逢生, 오가지 못할 막다른 곳에서 살길이 열리다)
비슷한 속담 사람이 죽으란 법은 없다. 죽을 수가 닥치면 살 수가 생긴다.

언제 쓰일까?

때로는 큰 시련이 찾아올 때가 있어요. 그래도 어떻게든 헤쳐 나갈 방법이 있답니다. 좌절하기보다는 해결책을 차분히 찾아보면 어딘가로 빠져나갈 구멍이 있어요.

구멍과 관련한 속담

게도 구멍이 크면 죽는다
분수에 지나치면 화를 입는다.

목구멍이 포도청
먹고살기 위해 큰 잘못을 저지르다.

쥐구멍이 소구멍 된다
작은 화를 막지 않으면 큰 화가 된다.

지나가는 이야기

하늘에 구멍이 뚫리고 있다는 이야기를 들어 본 적 있나요? 하늘에는 지구를 지켜 주는 특별한 막 '오존층'이 있어요. 그런데 온실 가스나 화학 물질 때문에 오존층에 구멍이 뚫리고 있대요. 구멍이 넓어지면서 해로운 자외선이 더욱 강해지고 있답니다. 이 구멍을 메우려면 어떻게 해야 할까요? 에너지를 아끼고 자동차 대신에 대중교통을 이용하고 일회용품 사용을 줄여야 해요. 이렇게 작은 행동으로도 오존층을 지킬 수 있답니다.

하룻강아지 범 무서운 줄 모른다

상대가 어떤지도 모르고 철없이 함부로 덤비다.

한자 성어 당랑거철(螳螂拒轍, 앞발 든 사마귀가 수레바퀴를 멈추려 하다)
비슷한 속담 미련한 송아지 백정을 모른다, 범 모르는 하룻강아지.

언제 쓸까?

태어난 지 얼마 안 된 강아지가 세상 물정을 알 리가 없어요. 호랑이가 얼마나 무서운지 모르고 덤비니 말이에요. 이 속담은 겁도 없이 강한 상대에게 덤빌 때를 비유하는 표현이에요.

강아지와 관련한 속담

강아지 똥은 똥이 아닌가
작은 차이는 있더라도 본질은 같다.

이사할 때 강아지 따라다니듯
필요 없는 사람이 여기저기 귀찮게 따라다니다.

젖 떨어진 강아지 같다
몹시 보채다.

지나가는 이야기

하룻강아지는 언뜻 보면 '태어난 지 하루 된 강아지'라는 뜻 같아요. 그러나 이 '하룻강아지'는 '하릅강아지'에서 유래한 말이에요. 하릅은 '한 살'이라는 단어예요. 그래서 하릅강아지는 '한 살 된 강아지'라는 뜻이랍니다. 생각해 보면 태어난 지 하루 된 강아지는 아직 눈도 못 떴을 테니 호랑이에게 덤빌 수도 없겠네요.

한 귀로 듣고 한 귀로 흘린다

말을 귀담아듣지 않고 그냥 흘려보내다.

한자 성어 마이동풍(馬耳東風) **비슷한 속담** 귓전으로 듣다.

언제 쓰일까?

여러분은 학교 수업을 귀담아듣나요? 아니면 한 귀로 듣고 한 귀로 흘리나요? 당연히 귀담아듣고 있지요? 이 속담처럼 한 귀로 흘렸다간 큰 손해로 돌아올 수도 있어요.

귀와 관련한 속담

귀에 걸면 귀걸이 코에 걸면 코걸이
둘러대기에 따라 이렇게도 저렇게도 된다.

귀에다 말뚝을 박았나
말귀를 영 알아듣지 못하다.

어깨가 귀를 넘어까지 산다
허리가 구부러져 어깨가 귀보다 올라갈 때까지 오래 산다.

> **지나가는 이야기**

속담 "한 귀로 듣고 한 귀로 흘린다."는 보통 부정적인 상황에서 써요. 그런데 때로는 한 귀로 듣고 한 귀로 흘릴 때가 나은 순간이 있어요. 바로 누군가에게 부정적인 말을 들을 때예요. "넌 안 돼, 잘하지도 못하면서."와 같은 나쁜 말을 들으면 한 귀로 듣고 한 귀로 흘려 버리세요. 여러분을 잘 알지도 못하는 사람들이 하는 말이니까요.

호랑이는 죽어서 가죽을 남기고 사람은 죽어서 이름을 남긴다

살아 있는 동안 훌륭한 사람이 되어 이름을 남기는 것이 중요하다.

한자 성어 호사유피 인사유명(虎死留皮 人死留名)

언제 쓸까?

연예인이나 대통령처럼 유명한 사람은 인터넷에서 이름을 검색하면 인물 정보가 나와요. 이처럼 사람은 그 이름을 남길 수 있어요. 여러분도 열심히 노력하면 이름을 남길 만큼 유명해질 수 있을 거예요.

이름과 관련한 속담

뉘 아기(개) 이름인 줄 아나
자꾸 실없는 소리를 하다.

얼굴 보아 가며 이름 짓는다
어떤 일이나 조건과 특성에 맞게 해야 한다.

이름이 고와야 듣기도 좋다
이왕이면 예쁜 이름이 좋다.

지나가는 이야기

옛날에는 호랑이 가죽이 집을 지켜 준다고 믿었어요. 그래서 벽에 걸거나 바닥에 가죽을 깔아 두었답니다. 물론 값이 아주 비싸서 아무나 갖지 못했지만요. 호랑이가 죽어서 가죽을 남기듯 사람은 죽어서 이름을 남겨요. 책에 기록되거나 사람들의 기억에 남는 것이지요. 우리가 몇백 년 전에 살았던 세종대왕이나 이순신 장군의 이름을 기억하듯요.

호랑이도 제 말 하면 온다

이야기의 대상이 마침 나타나다.

한자성어 담호호지(談虎虎至, 이야기에 오른 사람이 나타나다)
비슷한 속담 시골 놈 제 말 하면 온다. 양반은 못 된다.

언제 쓸까?

친구와 철수 이야기를 하고 있는데 갑자기 철수가 나타났지 뭐예요? 철수의 흉을 보고 있었다면 큰일 날 뻔했어요. 호랑이도 제 말 하면 온다더니. 철수가 호랑이였나 봐요.

호랑이와 관련한 속담

자는 호랑이 코 찌르기
괜히 건드려 문제를 일으키다.

호랑이 굴에 가야 호랑이 새끼를 잡는다
성과를 얻으려면 마땅한 일을 해야 한다.

호랑이 담배 피울 적
지금과 다른 아주 까마득한 옛날.

지나가는 이야기

"호랑이도 제 말 하면 온다."와 비슷한 속담은 바로 "양반은 못 된다."예요.
어느 마을에 양반들이 모여 이야기하고 있었어요.
"연못 있는 집 양반이 어제도 난리였대."
사람들은 그가 시장의 상인을 그렇게 괴롭혔다며 흉을 보았어요. 그때 갑자기 한 양반이 다급히 말을 끊었어요. "그놈 온다, 그놈!" 느긋하게 부를 때는 '그 양반'이라고 불렀지만 갑자기 나타나니 '그놈'이 된 것이지요. 이렇게 "양반은 못 된다."라는 속담이 생겼답니다.

호랑이에게 물려 가도 정신만 차리면 산다

아무리 위급한 경우라도 정신만 똑똑히 차리면 위기를 벗어날 수 있다.

`한자 성어` 정신일도 하사불성(精神一到 何事不成, 정신을 모으면 어떤 일이 이루어진다)
`비슷한 속담` 정신을 가다듬으면 바위라도 뚫는다.

치, 침착해. 아직 먹히지 않았어!

언제 쓸까?

위기의 순간이 오면 사람은 당황하기 마련이에요. 이럴 때일수록 차분해져야 헤쳐 나갈 길이 보인답니다. 호랑이에게 물려 가도 정신만 차리면 살 수 있다는 속담처럼요.

정신과 관련한 속담

물에 빠져도 정신을 차려야 산다
어려운 상황에서도 용기를 내면 살 수 있다.

정신은 꽁무니에 차고 다닌다
툭 하면 물건을 잃어버리다.

제사보다 젯밥에 정신이 있다
맡은 일보다 이익에만 마음을 두다.

지나가는 이야기

옛날 사람들은 무얼 제일 무서워했을까요? 바로 호랑이예요. 호랑이가 산에 살면서 마주치는 사람을 해치곤 했거든요. 그렇다고 호랑이를 두려워만 한 것은 아니었어요. 호랑이는 한반도를 상징하는 용맹한 동물이었기 때문이에요. 또는 산신령이나 마을을 지켜 주는 수호신으로 생각하기도 했지요. 그런데 지금 우리나라에서는 호랑이를 보기가 힘들어요. 일제 강점기에 일본군이 호랑이를 모두 잡아 죽였기 때문이에요. 지금 우리나라에서는 호랑이를 동물원에서만 볼 수 있어요.